新时代教育高质量发展书系
XINSHIDAIJIAOYUGAOZHILIANGFAZHANSHUXI

顺学而修，顺教而炼

优秀教师的人格力量

刘春景◎著

中国大百科全书出版社　　知识出版社

图书在版编目（CIP）数据

顺学而修，顺教而炼：优秀教师的人格力量 / 刘春景著 . -- 北京：知识出版社，2022.12

ISBN 978-7-5215-0608-2

Ⅰ.①顺… Ⅱ.①刘… Ⅲ.①教师—人格—修养 Ⅳ.① G451.6

中国版本图书馆 CIP 数据核字（2022）第 215900 号

顺学而修，顺教而炼：优秀教师的人格力量

刘春景　著

出 版 人	姜钦云
图书统筹	王云霞
责任编辑	王云霞
责任印制	李宝丰
装帧设计	侯童童
出版发行	知识出版社
地　　址	北京市西城区阜成门北大街 17 号
邮　　编	100037
网　　址	http://www.ecph.com.cn
电　　话	010-88390659
印　　刷	北京一鑫印务有限责任公司
开　　本	710 毫米 ×1000 毫米　1/16
字　　数	236 千字
印　　张	14.75
版　　次	2022 年 12 月第 1 版
印　　次	2023 年 3 月第 1 次印刷
书　　号	ISBN 978-7-5215-0608-2
定　　价	50.00 元

让教育沐浴人性的光辉

教育是一项关乎千家万户的事业，社会的发展进步，需要先进的教育思想引领。时代在变，教育也在变，然而变中也有"不变"。所以，我们只有对教育进行哲学的思考，只有搞清楚了哪些需要变，哪些不能变，才能真正做好教育。而教育的本质是什么，什么是好的教育，理想的教育是什么样的，这些最基本的教育问题应是教育哲学思考的源头。只有弄清楚这些最基本的问题，我们才能找到正确的方向，办出有质量的教育。

教育是培养人的事业，是一项通过培养人让人类不断走向崇高、生活更加美好的事业。因此，教育最重要的任务是塑造美好的人性，培养美好的人格，使学生拥有美好的人生。要达成这样的目标，就需要一批有理想、有情怀、有追求、有实干精神的校长和教师，用自己的青春和智慧去践行。而在现实中，也确实有这样一群人，他们热爱教育事业，关爱每一个学生，一步一个脚印，用脚去丈量教育，用心去感受教育，用智慧去点亮教育。

如何将这样一群人聚在一起，用他们的智慧去影响更多的教师？

中国大百科全书出版社、知识出版社策划出版了"新时代教育高质量发展书系"，对新时代教育如何实现高质量发展进行了可贵的探索。他们在全国范围内会聚了几十名优秀教育工作者，这些教育工作者大多是扎根教育一线的优秀校长和教师。书中的经验、实践、体会和思想，既有教学的艺术，也有管理的智慧；既有育人的技巧，也有师德的弘扬；既有教师的成长感悟，也有校长的发展思考；既有师生关系的融通之术，也有家校关系的互动之道。几十本书，几十个点，每一个点都是一门学问，一门艺术。

我今年给"新教育"的同人写过一封新年贺信，题目是"让教育沐浴人性的光辉"，从三个方面对教师的工作提出了建议。在这里我也把这三条建议送给这套丛书的作者和读者朋友。

一是要善待我们自己。要珍惜时间，张弛有度，让人生丰盈；要发现教师职业魅力，做一个善于享受教育生活的人；要培养健康的爱好，做一个有生活情趣的人；要与学生一起成长，做一个在教育过程中不断进取的人；要不断挑战自我的最高峰，做一个创造生命传奇的人。

二是要善待学生。要尊重学生，让学生能够张扬自己的个性，发挥自己的潜能，成为更好的自己。学生，是活力十足、茁壮成长的下一代，我们应该从发展的角度考虑，如何帮助他们成为一个有理想、有激情、有智慧的人，一个能够适应社会并且受人欢迎的人，一个挖掘自身潜能、张扬不同个性的人。

三是要把教育的温暖传递给社会。许多问题，归根结底是教育的问题。尽管我们任何一个人，作为个体的力量都是有限的，但是，再渺小的个体，也能够温暖身边的人。所以，我们要让所有和我们相遇的人，都能够感受到我们的美好和温暖，这也是让人与人之间，让全社会变得更美好、更温暖的有效方式。

有人性的人是明亮的，有人性的教育是光明的。让教育沐浴人性的光辉，我们的今天才会更加幸福，我们的明天将会更加美好，我们的世界也将会更加璀璨。

是以为序。

朱永新

2020 年 5 月 1 日

第六章　名师人格教育案例 _ 173

第一章

人格的相关阐述

众所周知，世界上没有两片相同的树叶；对人来说，不可能存在两个从内在到外表都毫无差别的人。人与人之间是不一样的，如果进行比较，你会发现每个人的不同特点。例如张三和李四，虽然他们都是人，但在别人的眼里，张三就是张三，李四就是李四，他们二人之间的区别是绝不会被忽略的。有些人可能会简单指出二人在外表上的不同，还有一些人会指出他们在外表之外的不同之处，比如身份、年龄、品德等，这些不同多数含有社会成分。也就是说，一个人对另一个人做出的用于区分的判断，既可能是概括性的，也可能指某一项特点。中文里常常只就一人的"名"而说其"人"，《论语》中就有许多这样的例子。如《公冶长》中："子谓子贱（孔子的弟子，姓宓，字子贱）：'君子哉若人！'"又如《雍也》中，孔子对颜回进行评价："贤哉，回也！一箪食，一瓢饮，在陋巷，人不堪其忧，回也不改其乐。贤哉，回也！"再如《述而》中，叶公向子路询问孔子的为人，子路不知道如何回答。孔子就对子路说："女（同汝）奚不曰：'其为人也，发愤忘食，乐以忘忧，不知老之将至云尔。'"这几个例子中或者只用一个名称所代表的一种人（君子）来形容一个人；或者用若干词条来形容一个人（孔子论颜回及孔子自评），从而用概括的方式指出一个人的特质。事实上，在这种概括性的形容里，包括了多种因素，重要的如处事情绪的激烈或和缓、观念的正确（合规范理性）或偏失，两者合而为"人格"，即一个人的内在状况和外在表现，其中又受智能的影响。

　　中文里"人格"一词的出现似晚于"人品"。"品"字带有较浓的评价意味，因为"品"字有"衡量""等第""区别"等含义，所以"人品"二字就有依"道德"或"规范"来进行评价的意味。这样一来，人品或人格就有了高下之分：高尚的如忠义、诚实、廉洁、正直、勇敢，等等；卑劣的如邪恶、残忍、贪婪、懦弱、狡诈，等等。司马迁撰写《史记》中的传记时，几乎对每一名除帝王以外的人都有一个评语，即著名的"太史公曰"，它对传记主人公一生的为人和行事做出评定。后人通常认为司马迁的评定是"铁案如山"，不容改变或怀疑，可谓对当时人物之"人格"的"不易之论"。

第一节　西方心理学中的人格

作为心理学领域的一个概念，中文的"人格"一词由英文 personality 翻译而来。根据英文词源，英文的 personality 源自 person（人），而 person 一词于 20 世纪初由拉丁字"persona"演变而来。persona 在拉丁文中原指戏剧演员所戴的面具。一般来说，面具上会有彩绘，用以夸大角色的性格，而面具上的口形也画得很大，其中会置入一根管子，用来传送声音。在心理学上，这个原意会被特别引用，以说明人格含有"装扮"的成分。从另一方面来说，person 指"一个人"，所以人格也格外强调"个人"的独特。

在人格心理学出现之前，一个人的思想、智慧和道德构成了一个人的人格。一方面，一个人的人格是对自己（或自我，self）的知觉，用以区分"非自己"（not self，别人），它基于人的"自我意识"（self-consciousness）；另一方面，一个人的人格是自己对自己的看法，即认定自己是怎样的一个人，但这难免会受到客观意见，即他人描述或评价的影响。总的来说，在一个人的人格中，社会成分占相当的比例，也可以说，人格是社会性的产物。

人格是社会性的产物，这一点已成为共识。因为人类形成群体或社会后，除了少数离群索居的人以外，几乎每个人的生活都离不开别人，甚至需要依赖别人，因为随着生产力的发展和社会的进步，人们的生活方式越来越复杂，只靠自己的力量，是无法满足生活的各种需求的。所以，在这种社会交往过程中，人与人之间会形成相互的认识。

人类脱离了自然的生活方式，因群居而形成了社会。社会中的个人与他人互相依赖、合作、互通有无，从而各取所需。所以，只有在社会中和谐共处，每个人才能安于生活。基于此，社会便对每个人提出一个要求：维持社会秩序，保护社会和谐。只有社会和谐了，个人的所求才能有他人供应；反过来，个人也要根据自己的所有，适量地供应他人。这就是社会"正义"，这种正义表现在人与人之间交往的"公平"与"合理"上。

显然，无论从主观意愿还是从客观条件上讲，并不是每个人都会满足这一要求，自觉维护社会的公平与合理。如每个人都有求生的本能，有些人会在这一本能上扩展出"自私"。初步的自私是"求利己"，再进一步则通过损害他人的利益以"利己"，这就破坏了公平，使互惠原则失衡。如果一个人这样行事，那么直接受损者便会给予他不公平或者自私的评价。不公平或自私就成了这个人的表征，或者说这个人的人品，即这个人的"格"。

照此类推，一个人在他人面前的表现，既受其生理方面的基本因素即生物性影响，也有其心理方面的内在或先天倾向作用的因素，更与其在社会生活中习得的内容即社会成分相关。这三者就是西方人格心理学家所说的人格内涵。

那么，究竟什么是人格呢？关于这一点，不同研究者的定义各不相同。一部出版于1957年的有关"人格理论"（Theories of Personality）的书中归纳出了7种说法：（1）人格是行为的指挥机构；（2）人格是个人的调适；（3）人格是行为的统整或活动力的组织；（4）人格是有关个人的一切；（5）人格是在社会反应中个人所表现的自己的特质；（6）人格是一个人行为的各个方面；（7）人格是人的本质。如果对这些说法再进行综合，那么可以说，人格就是一个人的总括性名称。

法国人雅内（又译让内）（P. Janet，1859—1947）的研究使西方人格学说进入系统化阶段。雅内是神经医学家，1892 年，他出版了一本名为《癔病患者的心理状态》（*The Major Systems of Hysteria*）的书，其中包括了他在哈佛医学院所做的 15 次演讲。雅内认为，一个健全人格的心理能量是稳定的，这足以支撑他观念和情绪的统整系统；而一个心理能量不稳定的人格是无法应对问题的，这就会导致神经性病征。歇斯底里式的人格缺乏统整，其意识和下意识是分散的，以致表现出多重人格。

著名心理学家弗洛伊德（S. Freud，1856—1939）的研究及建树在人格心理学说中占有重要地位。弗洛伊德先后与不同研究者共同研究、讨论人格心理，最终形成了著名的精神分析学派，影响深远。尽管精神分析学派后期分裂成不同派别，但仍然促进了人格心理学的不断发展。

综观知名的人格心理学家，主要可以分为两类。

1. 心理分析学派：重在对心理病患进行治疗。

2. 人格发展论者：重在探讨人格的发展与形成，侧重人格的社会成分。此外，还有一些研究者提出了相关理论，也有各自关于人格的观点，但没有建立系统的学说。下面举几个有系统论点的例子。

（一）弗洛伊德

弗洛伊德认为，本我（id）、自我（ego）和超我（superego）这三个主要系统构成了人格。本我，是所有遗传的心理因素和本能，代表一个人的基本需要。当需要出现时，本我就要求立刻满足这种需要，就像人在渴了时立刻要喝水，至于如何得到饮用水，本我就一无所知了。满足本我这种需要的是自我。自我知道从哪里用什么样的方式获得饮用水。如果暂时无法得到饮用水，自我也可以约束本我的需求，使其忍耐。至于超我，则是在生长环境中习得的观念，即良心、社会准则和自我理想。弗洛伊德认为，只有三个"我"和睦相处、保持平衡，人才会健康发展。

（二）荣格（C. G. Jung，1875—1961）

瑞士心理学家荣格把人格分为三个部分：（1）意识（conscious）或自我（ego）；（2）个人的下意识（personal unconscious，即曾经遗忘或压抑的意识）；（3）累积的下意识（collective unconscious，是最深层的下意识，由祖先经验代代累积而成）。荣格的人格观点名为"深度心理学"，世人也称这种心理学为"分析心理学"。其所提出的"内向"型人格与"外向"型人格，也成了人们熟知的人格类型。

（三）兰克（Otto Rank，1884—1939）

奥地利心理学家兰克曾经坚定地追随和崇拜弗洛伊德，后来逐渐产生了自己的观点。兰克强调产生"焦虑"的其中一个原因是"出生的创伤"（trauma of birth），并在其心理分析中强调"自我结构"（ego structure）。其后将心理分析拓展到历史和人类学方面，并提出对人格做艺术、神话和人类文化方面的解释，转而将人看成意义和行动的自动解释者。再加上兰克常常引用哲学、文化、艺术等资料著述，成了具有人文主义倾向的人格心理学家。

（四）罗杰斯（C. R. Rogers，1902—1987）

美国心理学家罗杰斯从"自我心理学"出发，以一个人的"自我观点"来衡量人格。他认为每个人都以自我为中心，所以人格都从自我发展。如果一个人的人格发展不健全，局限于狭小的自我中心内，并且围绕自我筑起一层防护墙，与外界隔绝，那么这样的人就会只坚持自己的观点，和他人毫无沟通的可能，最终陷入孤独，引发心理病征。

罗杰斯的人格观点，事实上就是我们常说的"小我"和"大我"的差

　　○ 顺学而修，顺教而炼：优秀教师的人格力量　●

别。极端的"小我",是以自我为中心的极端人格，不能适应生活而引起某些生理变化，最终成为病态。

以上所举的人格观点都是从心理方面出发进行研究而得出的，同时也考虑到了生理因素对心理的影响；至于对社会和人文因素进行研究的方法，是后来才出现的。换句话说，西方的人格概念完全以个体为着眼点，重视的是个人。简要地回溯其发展历史，我们可以确定，人格这一概念是由心理学提出的，而最初的心理分析说更是以心理病征为人格病象，把立足点建立在诸多"个例"之上。

第二节　中国传统文化中的人格

　　将英语单词 personality 翻译成"人格",体现了译者的知识和洞察力。虽然汉语中原本没有这一词语,但"人格"二字在中国文化中也有着深刻的内涵,其概念与西方有很大的不同。让我们从以下两个方面来讨论。

(一)格之义

　　《说文解字》释"格"为"木长貌",意思是树木长出了树枝,树枝从树干伸出,成为树木的形状。格表示分支,所以又有"格局"之意。

　　查《广韵》知"格"是"度也、量也",意思是衡量的准绳,所以引申出"规格"之意。

　　除此之外,"格"字常用来区分平面或空间,显示某种形式,所以又有"格式"之说。

　　上面是"格"字做名词时的含义。当"格"字做动词时,有不同的含义,但基本也是从本义延伸出来的。如《尚书》中不同篇目里的"格"字就有不同的意义,《尧典》里"格于上下",《舜典》中"格于文祖",意义就是"达到"和"到";《大禹谟》中的"格汝禹"和《汤誓》中的"格尔众庶"的"格"字,则表示"来"的意义。《同命》中的"格其非心"和

《孟子·离娄》中的"唯大人为能格君心之非"，这里的"格"字就有"纠正"和"规范"之义。

（二）人之格

在中国传统文化中，对人的评判标准不是简单地局限于心理健康概念或范畴，而是具有根本性和整体性的"有格"与否或"格之高下"。"人格"作为"人"的总体表现和道德风范的意义不仅在于健康，还在于"健全"。《礼记·缁衣》中曾提到"人之格"："言有物而行有格，是以生则不可夺志，死则不可夺名，故君子多闻，质而守之。""行有格"即行为有固定的方式，这里的"格"等于"原则"或"规范"。一个人遵循一定的方式行动，并且一生保持不变，此外，他生前的行为也会成为他死后的"历史"证据。这种人格展现过程就构成了个人的独特性，当然，这样的"独特性"还有待于社会历史的认可，所以"流芳百世"和"遗臭万年"是截然不同的。

如果一个人对于洞察"人之格"有相当的思想准备和实践经验，就不会轻易认为，认识一个人就等于了解一个人，即"知人"。事实上，"知人"是验证其内在和外在一致性的过程。《庄子·列御寇》中说："孔子曰：凡人心险于山川，难于知天。天犹有春秋冬夏旦暮之期，人者厚貌深情。故有貌愿而益，有长若不肖，有顺懁而达，有坚而缦，有缓而钎。"意思是说人的内心比山川变化还要难以预料，知人比知天还要难。天至少还有四季和昼夜的规律可以捉摸，可是人却常常表里不相一致。所以要正确认识一个人，并不是一件简单的事情。所谓"知人"，其实就是了解人格。

中国古代对"人之格"的描述与西方人格概念相似的，应数三国时期刘邵的《人物志》。其中谈道："盖人物之本，出乎情性。情性之理，甚微而元（同玄），非圣人之察，其孰能究之哉。凡有血气者，莫不含（含）元一以为质，禀阴阳以立性，体五行而著形。"

刘邵认为，个人由心理和生理组成，心理的"情性"是人物之本，生理的血气构成了人的生机。再进一步说，刘邵以中国传统的五行来类比个人所具有的"质"：以木象骨，以金象筋，以火象气，以土象肌，以水象血；然后，从骨、筋、气、肌、血这五点来判断人的情性，并联系德性中的仁、礼、信、勇、智来进行阐述。他指出："骨植而柔者谓之弘毅（意为坚韧），弘毅也者，仁之质也。气清而朗者谓之文理，文理也者，礼之本也。体端而实者谓之贞固，贞固也者，信之基也。筋劲而精者谓之勇敢，勇敢也者，义之决也。色平而畅者谓之通微，通微也者，智之原也。"

刘邵认为，虽然人与人的形体各不相同；但各人心态、情绪、想法的变化总是会表现在身体上，如声音、神色以及行为方面的变化。因此，"诚仁，必有温柔之色；诚勇，必有矜奋之色；诚智，必有明达之色"，"征神见貌，则情发于目"。正如我们常说的，眼睛是人的心灵之窗。

这种观点展示了中国的人格观——由外而内，再由内而外。

不过，外表不足以成为决定人格的全部条件，诸葛亮《心书》中说："夫知人之性，莫难察焉。美恶既殊，情貌不一。有温良而为诈者，有外恭而内欺者，有外秀而内怯者，有尽力而不忠者。"

诸葛亮指出，了解一个人的本性是很困难的事情，因为人的外在和内在并不一致。诸葛亮的论述将重点放在"道德"品质方面，重视的是个人道德是否符合"社会道德标准"。他提出了七种观察人道德品质的情境，用以检测人的志、变、识、勇、性、廉、信，与西方常用的人格测验有些类似；区别在于，西方的人格测验要么在纸上答题，要么面对面交谈，不如诸葛亮的方法深入。

统观中国古代对人格的论述，主要仍集中在道德方面，与西方的人格概念还是有差异的。论人格以道德为主，也正是中国传统人格概念的特征。

第二章

教师人格的探讨与分析

第一节 教师人格的体现

著名教育家康斯坦丁·德米特里耶维奇·乌申斯基（Konstantin Ushinsky，1824—1871）曾说："在教育工作中，一切都以教育者的人格为基础。"在乌申斯基的眼中，教育的力量源自教师的人格。如果教师无法对学生的人格产生直接影响，就说明教师的教育还没有深入学生的性格之中，这并不是真正的教育工作。也就是说，在真正的教育中，教师的人格会对学生的人格产生影响。那么，人格就成为教师最重要的特征之一。

那么，教师人格主要体现在哪些方面呢？

一、教师的情感特征

满怀情感是做教育工作必备的条件之一。如果一位教师情绪低落、持续冷漠，那么他就很难做好教育工作，很难成为一名优秀教师，更不能教出充满情感的学生。教师的情感特征有哪些？笔者将从以下三个方面来阐述：

1. 爱岗敬业，积极进取

"敬业"是社会主义核心价值观的基本内容之一，在教师身上主要表现为热爱教育，忠于教育，用积极进取的态度对待教育，用荣誉感、责任感、自豪感对待学生，并愿意为教育事业提升自我，奉献终生。

2. 热爱学生，关心学生

一名教师如果不热爱自己的学生，又怎么能接近并从而有机会教育他们呢？所以，对学生充满热爱，这是教师天然的使命，也是把工作做好的基础。首先，人人都需要爱，爱既是教育的重要内容，也是教育的前提。一个人降生到世界上以后，最先感受到的是父母之爱；在他们渐渐长大，进入学校后，另一位长者——教师就会逐渐变得重要起来，"爱"的需求对象也顺着这一转变指向了教师。孩子们渴望来自教师的爱，其强烈程度甚至会超过对母亲之爱、父亲之爱的渴望。这种"师爱"来自教师的肯定，来自教师的关注，更来自教师一个普普通通的微笑、一次默默的点头，这一切都会给孩子注入充满活力的精神力量。在学生眼里，教师的形象是高大的，来自教师的爱又和来自父母的带有血缘关系的爱不同，所以值得珍视。尊师听教几乎是所有学生的共同心理特点。一个真正的人民教师，对学生要热爱，要了解，更要尊重。只有具备这些要素和条件，对学生的教育之路才不是充满荆棘的崎岖小径，而是前途光明的康庄大道。

其次，要做好教育工作，绝对不能缺少师生之间爱的互动。教师的工作对象不是一块石头、一根木头，而是会活动、会思考、有个性的正在成长中的人。心与心的沟通、连接存在于教师教育学生的每分每秒中，如果学生把教师提出的一些要求和意见当作对他们的关爱，那么他们就会自然地、不含任何抵触地接受。相反，如果学生认为这些要求和意见是教师有意针对自己和故意找碴儿，他们就会产生抵触，充满敌意，甚至可能用实际行动来和教师作对。从这里可以看出，只有让师生之间充满信任，充满爱，教育工作才能展翅飞翔。教师真挚的爱、始终如一的爱，既能成为师生之间相互信任的基础，也是使学生做出良好"反应"的前提。同时，教师之爱也会令学生产生积极、美好的情绪体验。实践证明，如果教师能用

○ 顺学而修，顺教而炼：优秀教师的人格力量 ●

真心主动去接近学生，用真情一次又一次触动学生，学生的心中就会充满春天般的温暖，学生就会自然而然亲近教师，尊敬教师，对教师产生孺慕心理。这样一来，教师和学生之间就没有鸿沟，彼此间的想法可以毫无保留地交流。面对教师提出的要求，学生也更容易接受。

但有一点需要注意，教师对学生的爱，不应只是集中在某个或某几个学生身上，而应该面向全体学生。教师爱护学生，是不以学生的家庭背景、长相外表，甚至学生的道德品行为根据或砝码的。作为教师，职业、身份和使命要求他必须真诚地关心和爱护学生。教师的爱，是道义上的博爱。当然，在实际的教育教学中，要做到这一点很难。因为不论是什么样的教师，都会对优秀的学生产生好感，这是人之常情，不是每个人都能用师爱来包容不优秀，甚至充满缺点的学生。教师应该认识到，这种无法平等施与的"爱"，其实不是师爱，而是偏爱。师爱应该面向所有的学生，而不是某一个或某一类学生。对其中难以做到的地方，教师要加以克服。

3. 情绪稳定，自信满满

任何一位优秀的人民教师都应做到面对学生时能拥有稳定的情绪和强大的自信，这两点也是他们做好一切教育工作的基本要求。这一基本素质在小学教师身上更是体现得淋漓尽致，因为小学生十分活泼顽皮，理解能力相对较低，沟通难度相对较大，所以教师常常遇到一些容易影响情绪的事件。所以在这一方面，对小学教师的要求更高。他们需要稳定自己的情绪，时刻保持自信，以便冷静地处理问题。

二、教师的意志特征

教师的工作围绕学生和教学展开，涉及方方面面，非常繁杂，既细致又艰苦，没有充沛的精力和顽强的意志是无法承担的。所以，一位优秀教师必须具有以下几个方面的意志特征：

1. 有的放矢，坚持不懈。不论从事什么工作，明确的目标和为之而进行的持续奋斗都是必不可少的，教师工作更是如此。不论教师有多么优秀，在教学育人的工作中都会碰见挫折和难题。这时候，教师要以目标为灯塔，以坚持为船桨，才能克服一切困难，向着灯塔前行，取得最后的成功。

2. 自控自制，冷静应对。在教书育人的过程中，常常会有一些不愉快的事情给教师带来烦恼，甚至令他们变得急躁。在这种情况下，教师就需要沉着、冷静、耐心。如果教师遇事不惊，从容不迫，学生自然会受到教师的影响，主动配合教师的工作。对于小学教师来说，这一品质尤为重要。因为年幼的小学生往往具有较强的敏感性，他们能轻易察觉教师的状态并受其影响，教师的温柔、亲善会令他们如沐春风，教师的急躁、粗鲁会令他们如临寒冬。因此，教师一定要能掌控自己的情绪，在遇到不良情绪时，要及时调节，以免造成不好的影响。

3. 保持清醒，迅速决策。教育工作牵涉到学生、家长、学校三方，情况有时比较复杂，教师要心明眼亮，善于从复杂的境况中抽丝剥茧，理清问题，然后迅速决策，解决问题。

4. 精力充沛，意志坚定。教育不只是上课教书育人，而是存在于教师工作的各种细节中。教师承担着教育的重任，要像母亲一样，时刻关注孩子，如果没有丰富的精力和坚定的意志，是难以做到的。因此，教师要不断锤炼自我，砥砺前行，以适应不断变化的教育环境。

三、教师的领导方式

教师如何领导学生，会对班级氛围产生不同的影响。除此之外，它还不同程度地影响着课堂教学气氛、师生关系以及学生的世界观、人生观、价值观、个性和态度。李比特（R. Lippit）和怀特（R. K. White）在1939年做了一个经典的实验，二人从实验中总结出四种常见的教师领导方式，

　　　　　　　　○　顺学而修，顺教而炼：优秀教师的人格力量　●

以及它们可能产生的影响（如表 1-1 所示）。

表1-1　教师领导方式的类型、特征及学生的反应

领导方式类型	领导方式的特征	学生对这类领导方式的典型反应
强硬独断型	时时监视控制学生	屈服，但最初就厌恶这种领导
	要求即刻接受一切命令	容易推卸责任
	很少给予表扬	易怒，不愿合作，而且可能在背后说别人坏话
	认为没有教师在场，学生就会调皮捣蛋，不会自主学习	教师不在场时，学生就明显松垮
仁慈独断型	不认为自己行事专断、刚愎自用	大多数学生喜欢他，但部分学生能看穿他，并讨厌他
	会表扬学生，关心学生	依赖教师，缺少创造性
	口头禅是"我喜欢这样做"或"你能让我这样做吗？"	屈从教师，缺乏个人的发展
	以"我"为班级一切工作的标准	班级工作的量可能很多，质也可能较好
放任自流型	与学生打交道时缺乏信心，或者认为学生可以做任何他们喜欢的事情	道德不好，学习较差
	选择困难，难以抉择	容易推卸责任
	没有明确目标	没有合作
	既不主动支持学生，也不阻止学生；既不和学生一起活动，也不帮助他们	没人知道该怎么办
民主和谐型	与班级一起商讨计划	喜欢学习，喜欢合作
	愿意帮助、指导学生	在任何方面都做得不错
	尽量鼓励集体活动	学生互相鼓励，而且独自承担一些责任
	给予客观的表扬与批评	喜欢提问

尽管强硬独断型、仁慈独断型和放任自流型这几种领导模式在我国并不具有普遍性，但是确实有些教师存在不太负责、糊弄行事的现象。还有一些教师，虽然愿意并且希望对学生负起责来，但遗憾的是，受到见识和能力的局限，无法科学地运用理论知识来教育学生，做不到尊重学生，而是用命令和权威来压制学生，强迫他们服从。显而易见，这对学生的身心健康发展是不利的。相比之下，运用民主和谐型领导方式的教师会循循善诱，引领学生成长，与学生始终保持像朋友一样的关系。

　　基于此研究，加拿大学者伯恩（Berne）提出一个理念，即人的人格结构由 P（parent，家长态）、A（adult，成人态）、C（child，儿童态）这三种状态构成。以不同人格状态为主导的教师在行为处世方面是有差异的：人格状态以 p（家长态）为主的教师，非常相信自己的判断，经常根据主观印象行事，面对学生的不满会用强权压制，并且在课堂上经常使用命令式的句子，比如"你一定要……""你不要……"。在这种情况下，学生不会主动参与到教学中去，而只是单纯接受教师的知识灌输。以 A（成人态）为主的教师较为沉着冷静，他们教学经验丰富，能依此做出正确的判断。他们常常在口语中使用"我个人觉得……"来保持学生思维的独立性。以 C（儿童态）为主的教师则往往具有儿童的心理状态特点，容易冲动和情绪化，在教育学生时胆小怕事，优柔寡断。他们的发言往往是："我猜想……""可能是……"结果显而易见，如果教师是 P 或者 C 型人格结构，那么学生的进步或提升就容易受限，而有利于学生全面、健康发展的教师是 A 型人格结构。

第二节　教师人格中的几个"意识"

　　人格指个人长久以来较稳定的心理特征的总和，具体而言，指其在家庭、学校和社会环境的影响下，在个人生理基础上渐渐形成的气质、个性、道德等心理特征的总和。教师人格实质上体现了教师的个人素质，所以，教师应该不断追求、塑造完善自己的人格，努力成为优秀的人民教师。

　　什么是教师的职业特征和专业特征呢？用一句名言可以概括——"学高为师，身正为范"。其实，这也是现代教育对教师人格的要求。教师作为祖国花园里的园丁、孩子眼里的榜样、社会道德的标杆，其人格应该成为全社会人格水平的领跑者。

　　众所周知，孔子是儒家学派的创始人，有着"圣人"的美名，历史学家司马迁用"高山仰止，景行行止"来称赞孔子崇高的德行。在教育方面，孔子提出了"有教无类"的教育思想，以独特的教育方法和充满魅力的人格品质，为后世树立了一个充满智慧的教师形象。孔子热爱教育、忧国忧民的仁者情怀，热爱学生、关心学生的平等意识，为人师表、以身教徒的崇高道德，他皓首穷经、手不释卷的好学精神，对现代教师个人素质的提升，人格品质的完善，具有深远的意义。

　　即使时间已经过去了两千多年，孔子的精神在帮助教师完善人格品质方面仍具有十分积极的意义。

一、修身意识

作为一名现代教师，既要用知识教育人，还要用道德塑造人。"教师无小节，处处是楷模"，教师的自我修养对学生起着表率和示范作用。

教育是人与人心灵的碰撞，是灵魂和灵魂产生的共鸣，它是融知识、智慧、人格于一体的真实表现。教师的人格影响学生，完善的教师人格能助力学生走上正确的人生道路，这种例子在国内外教育史上不胜枚举。为国育才的杨昌济先生培养了一批救亡图存的进步青年，甚至影响了青年时代的毛泽东；安妮·莎莉文打开盲人海伦·凯勒的心扉，把她培养成为一个著名作家、演说家……可以说，教师的人格往往以潜移默化的方式广泛而又深远地影响着学生的思想。

教师的人格主要体现在其教育教学过程的一言一行中，换句话说，教师应该以身作则，使学生不断向自己看齐，以此帮助学生人格发展。比如，为了培养学生的环保意识，教师可以带领学生爱护学校的花花草草，浇水养护，除虫施肥，大家一起为保护和美化校园的环境贡献自己的力量。无论是课堂上还是课后，教师首先自己要心态平和，为人正直诚恳。这样一来，学生们就会受到教师"气场"的感染。在某种程度上，一个班级的班风与班主任的人格品质呈正向相关关系。诸多事实都证明，学生眼中的教师，不仅仅是传授知识的人，更是家长的替身和社会的楷模。只要教师人格高尚，学生就会尽量向教师的一切靠近，模仿他们的行为举止，学习他们的人生态度和道德品质。

教师要处处严以律己，事事以身作则，保持乐观的心态和不断学习进取的精神，修炼高尚的品德，以此来感染学生、熏陶学生、教育学生，帮助学生树立正确的"三观"。只有这样，才能充分调动学生成才的积极性，培养出拥有高尚品德的人，培养出精神健全的人，使其为社会主义事业建设贡献力量。如果离开了这些，只是空泛地去改善，去塑造，不仅不能达到教育的目的，反而会使学生误入歧途。

二、平等意识

孔子是平等对待学生的典范，他的学生中有的身份高贵，也有的家徒四壁；有的来自鲁国，也有的来自别国；有的思想活跃，也有的反应较为迟钝；有的遵纪守法，也有的犯过罪、坐过牢。孔子没有区别对待他们，而是一视同仁，无私地爱着每一名学生。更加难得的是，在讲究身份尊卑的时代，孔子与学生们建立了和谐的师生关系。

可见，教师要想和学生建立良好的关系，一定要平等待人。平等的关系是师生之间情感交流的平台。无论何时，教师都不能摆出一副居高临下的姿态说教，也不能强硬地批评学生，而要用真心去尊重他们，理解他们。教师如果能灵活地运用表扬的方法对待学生，往往能产生更好的教学效果。树与树之间高矮粗细各不相同，学生也是如此。教师在平等地欣赏、鼓励他们的同时，还要有针对性地制订方案。比如，每个班级里或多或少都存在一些"问题学生"，他们可能成绩不好，可能态度不端正，可能缺少学习动力，可能厌学……这样的学生通常具有思想基础薄弱、学习习惯差、思想活跃而又任性好动的特点，教师应该针对他们每个人不同的特点，充分准备，找他们单独沟通，交流情感，达成思想上的一致。在这一过程中，教师要努力观察并发现他们的亮点，解决他们在生活和学习中的困难。这绝不是对"问题学生"的优待和偏爱，而是另一种意义上的平等。

另一方面，教师用平等的意识对待学生，能激发学生的亲近感，帮助建立师生之间的友好融洽关系，营造能令师生双方都愉悦的学习氛围，促进学生的个性发展。快乐的氛围应该始终贯穿在教学中，让学生能够自主地享受学习的乐趣。教师用多样、丰富、活泼、充满趣味的教学方法来传授新颖的、充满逻辑性的教学内容，可以提高学生对新鲜事物的兴趣，并且不断地激发他们的探索欲望，从而提高他们的学习积极性，培养他们自主学习和创造的能力。在组织教学时，教师可以在考虑趣味性因素的前提下，有目的、有选择地确定教学材料、教学活动和教学手段，在保持严格的课堂纪律的前提下，把教学的氛围营造好。简单来说，我们应该以鼓励为主，调动学生的情绪，激发学生的兴趣，启发学生创新，既要考虑教学方法的多样性，也要考虑学习方法的有效性。教师对学生的培养，要把完善学生个性、实现学生个人价值与发展学生共性、实现集体价值相结合。这样一来，个人的发展才有依托。

因此，教师一定要重视教学氛围的问题，要和学生一起搭建和谐、平等、民主、宽松的课堂。现代教师不能再像以前一样，把自己视为权威，不能因为自己掌握了知识而自认高人一等，而是要像孔子一样，用热爱、尊重、平等和真诚换得学生的真心。在心与心的温暖交流中，学生会变得自信，创造力不断提升，教师的形象也会变得高大起来。这样，学生才能真正信服教师，使教育的效果达到最大化。在过去，师生之间的"交流"是"传话"，是单向的教学，即教师把知识和道理传递给学生；在平等和谐的师生关系中，师生之间是"对话"，是双向的沟通，即教师与学生互相传递心声。"对话"关系能够实现师生之间互相理解，打破教与学中间的那道墙，从而成功实现教与学的双赢。灌输填鸭教育和体罚教育早已被证明是低效和无力的，师生之间平等而真诚的"对话"也一再显示出神奇的教育效果。师生之间这种平等和谐的关系，表面上看是教师教学手段的高超，但其实质是民主制度在教育中的体现。

三、敬业意识

构成现代教师人格的重要内核之一就是体现于孔子教学实践中那种诲人不倦的精神。我国自古以来，就有尊师重教的传统，李商隐的诗句"春蚕到死丝方尽，蜡炬成灰泪始干"常常被人们引用，借以表达对教师奉献、敬业精神的赞颂。

教育事业和一般的事业不同，它具有极大的成就感和使命感。因为教育是培养人、塑造人的工作，它以人格感染人格，用心灵碰撞心灵。教育要培养的人，是人格完善的人，是全面发展的人。这样的人能促进国家繁荣发展，实现民族伟大复兴，推动人类社会进步。教师只有对学生的发展、国家的富强、民族的未来、人类的命运抱着极大的使命感，才会用尽全力、奋勇拼搏，把教育工作做好。其实，教师与学生也不过都是普通的人，如果将心比心，就会发现付出和收获永远是成正比的。教师对学生的付出和用心可以深入到日常生活的点点滴滴中去，比如，在教师办公室配备针线包、小药箱等，以便帮助学生处理一些小问题；有的学生节假日不能回家，请他们到自己家吃团圆饭，让学生们感受到家庭的温馨和教师的关怀；用视频记录他们花季时期日常生活，制作成光盘，在学期末或者毕业时赠送给每一名学生，作为美好回忆的结集。这些小事能为师生之间的感情交流奠定基础，拓展渠道，使得学生在感激和亲近中打开自己的心灵，从而提高教与学的效率和效果。

从最本质的功能上讲，任何职业都只是一个谋生的工具，教师这一职业也不例外。然而，教师这一职业又具有特殊性。对教师来说，不能把教书只看成谋生的手段，更应该重视其育人的功能，并将其当成自己的使命。如果教师只把教育当成挣钱和谋生的手段，没有以责任心和使命感去对待学生，就很难做好教师，很难干好教育。从小的方面来看，教育是帮助个人的成长和发展，从大的方面来看，教育其实是在传承人类社会的文明，并为社会未来的发展提供人才，所以，这也是一个人实现人生价值、为文明的进步做贡献的领域。当然，这并不意味着教师只能在经济困难的环境里吃苦受罪，也不是说不允许教师享受安逸的生活，只是想强调，对教师来说，工作带来的不只是物质回馈，更是其人生价值的实现。社会主义市场经济制度引发了整个社会生活的变革，人们的心理状态和价值取向与几十年前有很大的不同。在这样一个机遇与挑战并存的时代，教师要牢牢把握住新时代发展对教师的要求，坚定理想信念，千万不能因追求眼前的蝇头小利而放弃未来的美好风光，忘记教师自身的历史使命。

四、终身学习意识

苏联教育家安东·谢苗诺维奇·马卡连柯（Anton Semyonovich Makarenko，1888—1939）说过："学生可以原谅教师的严厉、刻板甚至吹毛求疵，但是不能原谅他们的不学无术。如果教师不能完善地掌握自己的专业，就不能成为一位好教师。"教师的工作是教书育人，要想教书，首先自己就要有丰富的知识，有专业的素质。随着科学技术的飞速发展，知识更新的速度越来越快，人们接触新知识的方法和手段越来越多，学生对教师的期望也越来越高。对于那些已经上了年纪的教师来说，随着身体素质的下降，视力和记忆力变差，要想学会运用幻灯、投影、视频等多媒体教学手段，或在网络中探索新的知识资源，都变得颇为不易。可是，时代在变化，任何人想凭借原有的知识来教学都是不可能的。这就要求教师既要有学习的意识，更要有学习的能力，既当教者，又当学者。"吾生也有涯，而知也无涯"（《庄子·秋水》），教师只有不断学习、终身学习，才能跟上时代的发展，才能拥有更丰富的知识，才能用以身作则的方法帮助学生树立学习意识，为学生的成长添砖加瓦。

五、创新意识

大教育家孔子独创的"有教无类"的教育理念和"因材施教"的教学方法尽管以现代人的眼光看来已属常识，但在当时非常先进，也影响了后世一代又一代人。这提示我们，要想当好一位教师，绝对不能缺少创新意识。21世纪是科技飞速发展的世纪，人类的新思想、新事物冷以最快捷、最便利的方式在网络上传播，"两耳不闻窗外事，一心只读圣贤书"这种封闭的、迂腐的学习和教育方式早已不合时宜。创新能力在21世纪已经成为很重要的能力，是学生将来走上社会就业谋生甚至为国利民所必不可少的能力。这就要求教师要将学生培养成善于创造之人。为此，教师自己首先就不能落后于时代，自己就要拥有创新意识。对老教师来说，不仅要经常把工作经验分享给年轻教师，还应该参与许多创新的研究。对新教师来说，就要积极参与到创新的研究中去，同时以自己作为年轻人所应有的活跃的思维对研究提出建议，从不同的角度找到创新研究的突破口。只有教师队伍充满了创新意识，才有可能培养造就具有创新型人格的学生队伍，才能为社会主义现代化强国的建设培养出人才。

汉代的学者扬雄曾说："师者，人之模范也。"作为"人类灵魂的工程师"，教师不仅要把知识教给学生，还应该成为学生人生道路上的标杆，成为学生向往并想要成为的人。教师人格是智慧、道德、审美三者的合体，具有修身、敬业、创新、奉献等特征。在谈到职业选择时，马克思曾经说过："能给人以尊严的只有这样的职业，在从事这种职业时，我们不是作为奴隶般的工具，而是在自己的领域内独立地进行创造。"教师人格正是这样一种富有智慧、光辉和人格魅力的创造性人格。教师工作以丰富的知识造就人、高尚的品德感染人、卓越的能力培养人、"慈母"的情怀接纳人，这正是其伟大之处。教师要通过言传身教，把社会主义精神文明建设落实到教书育人的具体工作中去。

第三节　教师人格魅力的来源

　　教师的工作是培养人，这些人是国家的未来、民族的希望。这要求教师要具备高尚的人格魅力，并且要时时负责任，事事有担当，充满历史使命感。乌申斯基说："在教育工作中，一切都应以教师的人格为依据。"教师温暖的人格可以为学生的心灵带去春天般的阳光，教师崇高的人格可以成为学生的表率，教师充满趣味的人格可以赋予教学特殊的感染力。有人曾这样评价著名教育家、艺术家李叔同："李先生教图画、音乐，学生对图画、音乐看得比国文、数学等更重。这是有人格做背景的缘故。"可见，教师人格的力量有多么强大。

　　人人都会爱自己的孩子，但很少有人会像教师一样爱别人的孩子。这种爱伟大又无私，是教师人格魅力的来源之一。这种爱是激情和柔情的混合体，既含有教师的理想信念，又超出教师的理想信念；既含有师生之间亦师亦友的感情，又超出这种感情；既含有父母之爱，又超出父母之爱。它能打开学生封闭的心灵，能促进学生奋斗向前，能点燃学生情感的火焰。教师不仅是指导学生未来发展的人生道路上的前辈，更是陪伴学生从人生起跑线逐渐加速前进的陪跑者，是学生的朋友。教师不仅要关注学生的学业发展，更要关注学生的"三观"建立与好习惯养成，把学生的情感变化、一举一动放在心间。爱是真正的教育，它不是教育的条件，而是教育的本身。

除了无私的爱，教师的人格魅力还来自他们内心的宽容和豁达。这份宽容不仅是教师个人心胸的体现，更是教师对自己的信任——相信自己人格的能量，相信自己教育的效果，也是教师对学生的信任。充满人格魅力的教师，会充分信任学生，尽管学生犯错了，也会宽容学生的错误，然后用尊重、理解、信任去面对学生，给学生自我反思、自我修正、自我选择、自我进步的机会，从而体现出教师独特的人格魅力。

一位特级教师曾经讲过一个关于宽容的故事。有一年春天，他正在教室里给学生们上语文课，门口忽然出现了一名女生，原来是上学迟到了。特级教师按照惯例询问了一句："怎么迟到啦？"顶着同学们的目光，这个女学生丝毫没有胆怯，而是落落大方地回答道："春眠不觉晓。"这下子，教室里可热闹了，同学们笑成一片，课堂的教学氛围立刻就消失了。特级教师没有发怒，反而微笑着，语气温和地说："你的回答很有诗意，就冲这一点，我原谅你的迟到。"如果教师在这时候没有宽容，无法原谅学生的过失，场面就会非常尴尬，师生之间亲密的关系会被泼上一盆凉水，学生会害怕教师，十分不利于教师后期教育教学活动的开展。这位特级教师的做法充分展现了他的人格魅力，会在无形中加深学生对他的喜爱。

在外人看来，当教师很简单；但事实上，教育学生并不简单。有一次，一位教师组织学生湖上泛舟秋游，上船时发现少了船费。这位教师忘记是哪个同学未交船费，便没有声张，用自己的钱补上了。秋游回来后，教师却犯了难：钱，自己可以补，但那位没有交费的学生的思想漏洞如何补呢？就算那个学生是粗心忘记交钱，这也是一个教育问题。一方面，为了维护学生的自尊心，另一方面，教师自己也不想把这个问题扩大化，于是，教师想了一个好办法。在班会快结束的时候，教师提起了这件事情，并且真诚地做了自我批评："上次秋游的时候，由于我的粗心大意，少收了一名同学的船费。我太粗心了，连收船费这种小事都没有办好。在这里，我先做出自我批评，也希望同学们能从我的这次错误中吸取到教训。从现在起，我会和大家一起把细心严谨的作风培养起来。"班会结束后，教师收拾好东西，准备离开教室，就在这时，一名学生捏着衣角红着脸，走到了教师面前："老师，对不起！那个没有交船费的人是我。最开始的时候，我粗心大意忘记了这件事情。后来，我虽然想起来了，却抱着侥幸的心理故意没有交船费。我错了！"学生说着，从口袋里拿出那笔早该交上来的船费，递到教师面前。这位教师的做法其实饱含对学生的信任，相信自己的学生在提醒之下能主动承认错误，弥补过失，也相信自己的做法能真正触动学生。教师对学生的信任，不仅完美地解决了这一事件，更重要的是，给了学生自我反省、自我教育、自我纠错的机会。相信这次经历一定在学生的心灵上留下了重重的一笔，使其在教师人格魅力的影响下，在人生的道路上走得更好、更稳和更远。

教师的人格魅力来源于他们丰富的学识。教育是塑造人的事业，教师和学生缘分的起点在于教师的知识。一个人要成为教师，首先就要拥有丰富的学识，这不仅是从事教学工作的先决条件之一，更是教师教学水平高低的决定因素，也是教师权威和影响力的来源之一。教师的教学知识越丰富，教学手段越多样，教学视野越广阔，教学的效果就越好。因此，教师一定要广泛、系统和大量地阅读，从横向和纵向上丰富自己的知识。一位教师能力的大小，很大程度上取决于读书的种类和数量，这不仅影响教师教学的内容，也影响教师教学的方法和手段。现代社会需要的是多功能型人才，教师只有具备广博的学识，才能为学生在未知道路上的探索提供知识保证，才能真正保证自己在学生心目中的正面形象，成为学生学习的典范。

鲁迅先生是伟大的文学家和革命家，他曾在北京师范大学讲课，慕名而来的人络绎不绝，学生们摩肩接踵。因为人太多了，礼堂实在是坐不下，所以大家又挪到了操场上。那时，鲁迅先生被密集的人群围在中间，他气定神闲地站在一张简单的方桌上，口若悬河，挥斥方遒。帮助年轻人觉醒，使他们认识到了军阀统治的黑暗，打破了他们对当时政府不切实际的幻想，鼓励他们走自己的路。我们现在的教室，窗明几净，冬暖夏凉，教学手段多种多样，科技化程度不断提高；相比之下，那时只有简陋的一方书桌，只有一副不断呐喊的喉咙。可是，即使是在这样艰难的环境下，鲁迅先生说出的每一个字都真切地钻进了听众的耳朵，每个人都听得浑身热血沸腾，恨不能立刻实现报国的志向。这种震撼人心的力量就来自鲁迅先生的人格魅力，来自鲁迅先生火热的心灵、渊博的见识和崇高的品德。

此外，教师的人格魅力还来源于他们对教育工作的不懈追求和勇敢创新。不要不思进取，躺在功劳簿上吃老本。教师必须要不断克服自己的怠惰心理，不断接触新鲜事物，警惕温水煮青蛙，从而追求新的进步。优秀的教师往往能够不断总结，不断反思，并从中吸取宝贵的经验教训，及时转变工作方法，把教育教学工作做得更好。教师想要学生成为什么样的人，自己首先就要成为那样的人。所以，要培养学生的创新意识，教师就必须具备创新意识，做学生的表率和榜样。除此之外，教师的勇敢创新也是不断追求自我进步的体现。

教师的人格薪火相传，生生不息。教师们，修炼自己的人格吧！世界一定会因此而变得更加美好！

第三章

审美与教师的人格修炼

第一节　教师人格魅力的要素和培养途径

一、要素

教师对学生的影响是潜移默化的，教师的人格魅力越大，对学生的影响也就越大。教师的人格魅力主要有以下 10 个要素：

（一）道德

孔子曾说："其身正，不令而行；其身不正，虽令不从。"（《论语·子路篇》）教师应该具有高尚的道德情操和深厚的道德修养，要诚实守信、心胸开阔、大方谦虚、礼貌待人；在工作中，教师也要表现出高度的责任感和奉献精神。这样，才会受到学生的尊重。

（二）学识

见贤思齐、遇强则服是人人都有的常见心理，更别说还在成长中的学生，他们会仰慕、敬佩学识渊博、见多识广的教师。特别是知识丰富、熟悉多种学科、样样手到擒来的"全能"型教师，更是受到诸多学生的欢迎。

如果教师的知识积累能达到"全知全能"的程度，那他无疑会成为学生眼中的标杆和旗帜，影响他们的"远大目标"，受到他们由衷的钦佩。

（三）能力

除了专业知识，教师在教育、教学、为人处世等方面的才能，也会使学生产生钦佩感。因此，教师应该在事业上有较高的追求，自觉锻炼自己在社会交往、文学艺术、体育等各方面的能力，尤其是在教育教学方面。这就要求教师立足实际，勇于改革创新，不断提高教学技能和育人艺术。

（四）情感

从教学实践来看，平易近人、热情、关怀、体贴学生的教师，比那些虽然知识渊博但与学生关系不密切的教师更能获得学生的尊重和喜爱。因此，教师应真诚地尊重和爱护学生，了解他们的内心世界，把握他们的个性特征，分享他们的快乐，分担并帮助他们消除痛苦和困惑。这样，师生之间的纽带才能越来越牢固。

（五）气质

作为人类灵魂的工程师，教师应该有特别的气质，或品位高雅，性格稳重；或雷厉风行，充满魄力；或落落大方，举止得体……充满不凡气质和优雅风度的教师，能吸引学生的目光，使学生产生仰慕感，自觉向教师学习。

（六）言谈

如果教师的言谈既幽默又风趣，说话抑扬顿挫，拥有演说家的口才，一定能引起学生的赞叹和模仿。

（七）专长

教师如果能写作好，绘画佳，甚至还能精通一两种乐器；那么，这些艺术上的修养与才艺也会感染学生，给许多学生留下深刻的印象。

（八）业绩

一位在教育事业上不断进步、成绩显著、得到师生认可的"权威教师"，必将受到学生们由衷的信服和喜欢。

（九）管理

管理强调公平和公正。教师，尤其是班主任，应该做到不偏袒学生，没有私心，把学生当成自己的孩子来爱，认真做实事，使良好的班级风气得以形成，班级各项活动的成绩突出。这样一来，班主任的领导核心地位可以得到确立，学生也会对其产生敬重感，对班集体产生归属感。

（十）权威

教师的权威是上述几个方面的综合体现，它不仅源于学生对教师的精神力量和崇高威望的由衷敬佩，也是学生进行自我教育、自我完善不可缺少的内在精神动力。

二、培养途径

（一）用师爱点燃情感

师爱是教师最基本的人格内容，是教师最基本的心理品质，是教育永恒的主题。无论在哪里，无论什么时候，伟大的教育家都是满怀真挚师爱的人。孔子提出"君子学道则爱人"，孟子讲究以"仁爱"治天下，他们对学生又何尝不是这样呢？苏联教育家瓦·阿·苏霍姆林斯基

（Suchomlinsky，1918—1970）认为自己一生中最可贵的东西就是热爱儿童，全国优秀教师们在经验分享中无时无刻不谈及自己对学生的真挚的爱。只有满怀师爱，理性洞察学生心理，充分尊重学生个体，教师才能获得学生的欢迎。只有以友爱、善良、公正、尊重和信任的态度对待学生，学生才能在平和愉悦的心态下接受教师的教育，产生良好的情感体验，达到"以爱育爱"的效果。

（二）用高尚陶冶情操

韩愈在《师说》中曾提出："师者，所以传道授业解惑也。"所谓"传道"，就是要教学生做人的道理，这就需要教师以身作则。教师的高尚品质会陶冶学生的情操。就连普通人的交往都有"近朱者赤，近墨者黑"的效果，何况是在特定场所、特定时间进行传授和接纳的师生呢！

教师的一系列高尚品质将使学生在交往中受到感染和启发。孔子提倡的"温、良、恭、俭、让"，即使在今天看来，也是一种传统美德。如果教师具备这些品质，会极大地影响学生与他人相处的和谐程度。尤其是在新时代的班集体中，大多数学生都非常具有个性，这种突出的个性大多表现为固执己见和超出理性范围的自我意识，这就需要教师用成熟的道德品质去中和，去协调，去感染。这种方式产生的效果是任何教科书、任何道德箴言、任何奖惩制度都无法代替的，它将使学生形成自己的道德价值观念和道德价值判断。

（三）用优雅影响习惯

优雅的言行不仅是良好道德修养的表现，也是美好气质的表现，更是其内在美的外化。作为一名教师，我们应该努力在这方面严格要求和提高自己，因为身教比言传更重要。作家魏巍在《我的老师》中提到学生们连老师握铅笔的姿势都"急于模仿"，这其实表现出了作为学生所具有的自然

○ 顺学而修，顺教而炼：优秀教师的人格力量 ●

本能。许多学生坐没坐相，站没站相，课前准备和卫生习惯等方面也做得不好。许多教师天天强调这些方面，但毫无效果，很可能是因为有些教师对自己在这些方面的表现没有给予足够的重视，譬如，常常乱扔粉笔头，随地吐痰，上课不注重形象，甚至言语粗鲁。这不仅没有实现对学生的正面引领，反而会造成消极影响。换句话说，教师优雅的行为是其美好心灵的外化。一位衣着大方、行为优雅、言谈风趣的教师往往会给学生带来"美"的感受，使不少学生产生亲近感和崇拜感，从而不知不觉地学习教师的行为方式，改变自己的不良习惯。

（四）用渊博激发进取

一位普通教师必不可少的是课本知识，而一位成功的教师不可或缺的是渊博的知识。教师的师爱、高尚品德和得体行为无疑会促使学生"亲其师，信其道"；但当教师的"道"不够"精"和"深"的时候，学生必然会产生怀疑，从而影响他们学习的积极性。因此，教师应努力提高自身的专业水平；但要注意的是，渊博的知识并不仅指书本知识，还应包含高超的教育教学技能，能引导学生轻松愉快地接受新知识，在学习中找到方法和乐趣，培养研究精神。当学生在教师的指引下，在知识的海洋中遨游的时候，他们会感到广阔多彩，这会唤起他们奋发图强、乘风破浪的远大志向。我们崇拜伟人，不仅因为他们在各自的领域内做出了巨大的贡献，还因为他们伟大的人格魅力震撼了我们的心灵。我们相信，教师的人格魅力会在学生幼稚天真的心灵中形成一个璀璨的光环。当这个光环照耀着学生，映出他们成长的面庞时，我们就会真正感受到我们作为教师的价值。

第二节　提高教师的审美能力

一、教师的人格魅力与审美趣味

　　审美趣味是人们审美意识的组成部分，它与作为整体的审美意识有一个共同点：一方面，两者均受社会、阶级、民族的共同观念及人类普遍情感影响；另一方面，它们又带有鲜明的个人色彩。特别是在审美取向方面，审美趣味更具主观性、独特性和多样性。教师作为社会中的一个专业群体，必然有其自身特质；所以，教师的审美趣味也有这一群体所特有的色彩。

　　审美趣味就是审美能力，又叫艺术鉴赏力。正如朱光潜先生在《西方美学史》中所说，"艺术美是美的最高度集中的表现"。审美能力虽然是人的心理结构和心理表现的一个侧面，却受人的综合素质的制约和引导。因此，审美趣味本质上是教师综合素质的外化。

　　由于教师职业的性质，教师的审美趣味直接反映出教师的个人素养，它还体现在教师工作的各个领域，特别是对于培养教师、提高教师人格魅力来说，具有十分深远的普遍意义与社会意义。因此，教师审美趣味是一个值得关注与探讨的课题。一言以蔽之，从事教师工作的人和其他行业的人一样，都在各自的园地里默默无闻、辛勤劳作，都是普通劳动者。不同之处在于，教师的工作在繁忙的、事务性的表面背后包含了一个发展和创造性的目标；而且，与其他工作相比较，同样是面对人，教师首先是面对人的心灵——成长中的心灵。这样，教师的形象有了和其他工作不一样的鲜明特点，即公众性、规范性与示范性。

首先，我们来看看公众性，它主要且经常体现在政治家、演艺界人士等公众人物身上。这些人出入于公众场合，为公众所熟知。他们的一切，从职业活动到私人生活，都受到成千上万群众的关注。教师的情况虽然有所不同，但也有共同点，即每一位教师都要长年累月地面对一小部分但相对固定的公众。他的三尺讲台就是他的广阔舞台，他是在众目睽睽之下，进行着"表演"。这种"表演"将影响、激励、塑造着许多幼小的心灵。从教师一生的工作历程来看，这群公众的数量并不小。此外，教师还会受到大多数学生家长和某些社区群众的关注。从这点来看，教师确实也具有公众性，具有影响力。

其次，再来说说教师形象的规范性。就传统观念来看，教师属于社会文化群体的一部分，俗称"文化人"。无论文化人从事什么样的具体工作，他都承担着一定的教化责任，教师更是这样。众所周知，导演通过影视作品影响观众，作家通过文学作品影响读者，新闻工作者通过新闻文稿影响社会。尽管他们的才华令许多受众如痴如醉，但他们本人在生活上与受众是疏离的。当我们观看影视剧时，心神完全沉浸，但对导演这一影视剧的掌舵人，也许一无所知。同样，当我们被一部小说或诗集感动时，我们可能对作者也不太了解。一位导演、一位作家，在私生活上有污点，也许还能得到社会的宽容；一位教师如果触及了社会伦理红线，他的教育事业很可能就此终止了。至少，社会的议论会令他如坐针毡。简而言之，其他的文化人对其服务对象和社会的影响是间接的，而教师对学生的影响却是直接的，他们之间的密切接触有固定时间和空间，一旦造成负面影响，将影响学生的一生。因此，不论是言还是行，都要严格规范地要求教师。简言之，这一要求就是师德。

最后，谈谈教师形象的示范性。无论如何淡化教师职业的崇高意义，人类历史的思维模式与社会的需求及期待，都会给教育事业戴上金色的光环。德国教育家第斯多惠（Friedrich Adolph Wilhelm Diesterweg，1790—1866）认为："教师本人是直观的最有教益的模范，是学生最活生生的模范。"苏霍姆林斯基说："请你记住，你不仅是自己学科的教员，而且是学生的教育者、生活的导师和道德的引路人。"老一辈教育家徐特立曾经指出："教师是有两种人格的，一种是'经师'，一种是'人师'，人师就是教行为，就是怎样做人的问题。经师是教学问的。我们的教学是要采取人师和经师二者合一的，每个教科学知识的人，他就是一个模范人物，同时也是一个有学问的人。"这些著名的教育家有着相同的理解，他们的言论实际上反映了全社会对教育事业和教师的殷切期望。因此，教师与其他文化人之间存在明显的差异，主要表现在教师本人就是知识与智慧的化身，是高尚道德与理想生活的化身，没有知识魅力的教师，不是称职的教师，没有道德（或人格）魅力的教师，不应从事教育工作。正如罗曼·罗兰（Romain Rolland，1866—1944）所说："要播洒阳光到别人心中，总得自己心里有。"教师形象的示范性，并不是社会对教师的苛刻要求，而是社会对教师的特殊尊重与殷切期望。从事教育事业的人应该以此为荣，也应对此格外谨慎。

综上所述，当教师以公众、规范、示范性质的形象出现时，这形象是全景和全息的，在课堂上讲课时是这样，在课外与学生交流时也是这样。在平日生活中，不论认不认识某位教师，只要知道某人是教师，通常都会自然地给予尊敬，给予信任。这样看来，对于教师来说，那些对其他人来说属于个人兴趣与爱好的审美趣味，是不仅仅属于教师个人的。

审美趣味是审美范畴的人的感情活动。传授知识，可以预先"备课"；

表达趣味，却是自然的、不经意的流露，无法"备课"。可是，它确实真实地反映了教师本人的综合素质，包括人生理想、道德情操、学识修养、政治观念、美学趣味等，影响着教师在各个教学领域的实际效果。我们应该看到，作为教育者，教师面对的是智力刚开始发展的儿童，或者是需要建立"三观"、培育知识的青少年，他们正站在"人生起跑线"上。这条人生之路如何走，最终走到哪里去，确实会受到家庭、社会等诸多因素的影响；但作为施加教育的环境的学校和作为教育责任人的教师，在这方面的作用无疑是最重要的。

审美趣味是人格特征的重要组成部分之一，一个教师的审美趣味必然会对他所教育的学生产生影响，留下痕迹。越是任教时间长、与众多学生关系好、声望高的教师，这种影响就越深刻、越持久。因此，教师的审美趣味不仅仅是个人的兴趣爱好，对于整个社会来说，它也是一种重要的人格资源，它将直接陶冶一代人，甚至影响几代人。而人格资源和知识资源一样，是整个社会文明不可缺少的支柱。孔子、孟子、蔡元培、陶行知这些教育家楷模，就是用他们渊博的学识和高尚的人格教化人群、完善社会的。由此可见，教师审美趣味不应被仅仅看作教师个人的一部分，而应从教师形象特点和教育教学效果这样的高度来关注，而教师自身也应该自觉改善和提高自身的审美趣味。任何贬低、忽视教师审美趣味的观点和做法，都不利于我们的教育事业。

二、教师审美趣味中的品位

审美趣味，是一种带有个人性和随意性的感性活动。人在性别、个性、气质、文化程度、生活环境和职业性质等方面的种种不同，使不同人的审美趣味各有不同。只是由于共同的文化水平和职业惯性，教师的审美趣味仍然具有一些群体特征。一般来说，有几个方面：①文化意蕴；②人本意识；③艺术境界。笼统言之，审美趣味的总体取向是美，但这并不意味着在水平和文化等方面没有层次高低之分。审美趣味中存在一个品位的问题，检验审美趣味品位的一个重要标准就是看其文化内涵的密疏、浓淡和深浅。教师的审美趣味属于高品位，在各个方面都应含有深厚的文化意蕴。

对书籍的热爱应该是与教师相伴终身的保留节目。没有书籍这一最基本、最重要的文化载体，就不可能掌握新的知识、更新现有知识。因此，教师是一刻也离不开书本的人。苏霍姆林斯基说，教师"每一天都要用智力财富来丰富自己"。如果一位教师的家里没有藏书，那可真叫人惊讶。教师的书架上可能也有娱乐书籍，但更多的是与知识有关的书籍，有助于开拓他们人生视野和深入了解人生真谛的书籍。某些富人喜欢在华丽的大厅里展示大量全新的精装书，装饰门面，附庸风雅，炫耀自己的文化"财富"；可教师不能这样。他们的书柜可能并不精美，但它确实是知识的源泉、精神的宝库，是教师朝夕相处的良师益友。教师的阅读是与智者的对话，是一场心灵的沟通，它常常会令教师产生由衷的愉悦。教师生活在书的世界里，欣赏着思维之美，享受着文化财富，自身也变得更加高尚。因此，读书具有特别的意趣，是一种高品位的审美享受。

服饰是另一个重要方面。关于服饰起源的观点有很多，有保护身体、遮掩羞耻等实用说法，也有趋同、趋异等说法。有人认为，人们可以通过自己的手选择想要的衣服以满足自己的需求。换言之，穿着是表达人们自身情绪的行为，是一种审美趣味。服饰是人内心的一种外在表现形式，从一个人的服饰上往往可以看出一个人的内在气质、文化底蕴和审美趣味。作为一名文化人，教师在服饰的审美取向上也清晰地表现出一定的文化意蕴——最基本的特征就是淡雅端庄。从这个角度来看，即使是服饰这样物质化的东西也具有丰富的精神内涵。人们的服饰反映了最普遍的美学现象。教师不仅要传授知识，也要播种希望。因此，教师不能拒绝美，反而要热情地追求美。合体、规范、明快、干净又不缺乏时代气息，这就是教师服饰美的合理尺度。这种美既不同于社会上流行的标新立异的风格，也不同于在拜金主义驱动下的华丽做派。只有淡雅端庄的色调，才能与教师的书生本色融为一体。合体，就是处理服饰与人体的合理搭配，所谓量身定制。衣服太窄小，就会显得过于暴露；衣服太肥大，又太遮掩体形，显得人没有精神；忌穿不庄重的服饰；要衣着规范，体现出严谨、适度。上班时，服饰必须正式一些，切不可穿拖鞋、背心，切不可浓妆艳抹；下班家居时，可以穿得休闲舒适。明快，显得人亲切可近；干净，则反映内心的明澈。

以上几点是教师服饰的稳定特点，但并不意味着教师服饰一成不变。时代在进步，潮流在变换，服饰的推陈出新是很正常的。在服饰上存在的所谓"流行周期"，"是由生活在某一时代、某一地区的人们所具有的某种共同的情感及其表现而形成的"。虽然这种流行有一定盲目性，但其时代特征是不可否认的，我们没有理由忽视它，更不应鄙视它。我们要做的就是从教师特殊的文化视角中提炼出适合的成分，以表现新的时代气息。

教师的审美趣味应该是一个多元、广阔的世界：有些人擅长书画，有些人沉醉乐器，有些人热爱诗词，有些人热衷运动，有些人向往旅游，有些人喜欢宠物……这些可以丰富生活，陶冶情操，有益身心，无疑属于高层次、高质量的审美趣味。总之，教师的整体形象应该是一座完美的文化雕像，它留给学生的，将是一种令人景仰、经久不衰的记忆。

三、教师的人本意识

人本意识是教师审美趣味的一个显著特点。教师基于自己的职业目标和工作对象，必然更多地关注人。近代在日本留学的中国女性单士厘在《癸卯旅行记》一书中有这样的议论："要之，教育之意，乃是为本国培育国民……中国近今亦论教育矣，但多从人才一边着想，而尚未注重国民……不过令多才多艺，大之备政府指使，小之为自谋生计，可叹！况无国民，安得有人才？无国民，且不成一社会！"这就触及了教育的实质——提高人的自身素质，优化人性。随着社会的发展和进步，教育越来越关注人，这显然已成为一个划时代的标志：教育不再是为了某种目的的生产工具，而是为了人类的幸福生产优质的人。教师的人本意识突出表现在以下两个方面。

第一，独特的独立人格。作为一名教师，他必须首先理解并确认人（包括他自己在内）的价值和地位；所以，自尊应该是教师最基本的素质。有些人鄙视自己的职业，整天抱怨自己，抱怨环境，千方百计换工作，甚至在学生面前表现这种情绪。这样的人当然不可能赢得学生的尊敬和钦佩。还有些人，百般讨好、尽力奉承他们的上司，这种行为就更加受到学生的鄙视。被誉为"教授的教授"的著名学者陈寅恪，一生倡导"独立之精神，自由之思想"，成了一颗耀眼的星辰和令人钦佩的精神高峰。作为一名普通教师，可能难以达到陈寅恪这样的学识高度，但是，陈寅恪所具有的人格高度，则是普通教师能够而且应该达到的。在教育中，一切都应该以教育者的人格为基础，因为只有人格才能影响人格的发展和形成。

第二，尊重和平等对待学生。教师尊重学生，首先基于一种"人文关怀"。他所面对的学生，无论多么幼稚、多么弱小、多么天真，都是一个完整的"人"，是一个未来的公民。这些学生中间，未来可能会走出对世界产生深远影响的人。另外，从教育学的角度看，教师必须关心学生作为人的尊严，只有这样，教育才是有效的，因为尊严是一个人自强自信的前提和土壤。教师在这片土地上劳作，不仅能培育出一个个强大而有前途的个体，而且能造就出一个强大而充满希望的民族。教师尊重、平等对待学生，不是媚俗、赶时髦、听将令，而是源于深刻的哲学思想、先进的伦理秩序和正确的文化行为。遗憾的是，有一些教师喜欢把关注点放在成绩好、家庭背景强大、聪明漂亮、衣着时尚的学生身上，而忽视了那些看起来普普通通的学生。这种做法造成的影响是可想而知的。师生之间的交往是多方面的，但"人本意识"的影响无疑是最深远的。

四、教师审美趣味中的幽默

教师的审美趣味追求的是一种艺术境界。教师的教育和教学工作都属于艺术的范畴。这些工作都直接面向人的心灵，如果采用简单粗暴、千篇一律的方法，只会造成精神交流的不畅，甚至走向歧路。所以优秀教师一般都拥有自己独特的感知他人的方法和有效传授知识的精湛艺术，这种艺术主要表现在教师怎样处理问题和教师怎样用语言进行表达。幽默感是对待人生和生活的哲学态度，是一种坚定而强烈的自信，是一种充满理性和智慧的表现。可以说，幽默感也是一种艺术境界。

有一个著名的例子说明了幽默感的力量。著名大诗人歌德（Johann Wolfgang von Goethe，1749—1832）在公园散步，在一条狭窄的一次只能通过一人的小路上和一位批评家相遇了。

"我从来不给蠢货让路。"批评家说。

"我恰好相反！"歌德说完，笑着向后退去。

歌德用幽默轻松地平息了这场看似不可调和的争论。歌德主动低头退让的姿态，应和了那一句表面上极为简单的话，对批评家进行了有力的反击，并立即使自己稳操胜券，成为赢家。这是不战而胜的智慧，幽默感在其中发挥了重大的作用。

还有一个有趣的例子。某所学校有一位外国教授，他为了测试中国学生掌握外文的实际水准，便要求学生在课堂上用外文写一篇短文，内容是议论校园内的某事或者某物，既可以写正面的，也可以写负面的。最终，外国教授将一篇赞美学校食堂的文章评选为"最佳文章"。一开始，其他学生都很不服气：明明食堂办得那么糟糕，这篇文章为什么要说假话赞美它？为什么这种大家都知道是虚假的东西，教师还要把它评选为"最佳文章"？外国教授神秘一笑，逐段念出这篇文章："我们学校最漂亮的地方，既不是教室，也不是操场，更不是校门口那个带喷水池的小花坛，而是食堂。看，玻璃如此干净，几乎叫人看不到它的存在——如果你不小心在学校食堂摔了一跤，你会惊奇地发现你并没摔倒，因为你身上没有留下半点儿灰尘；如果你长期在学校食堂里工作，恐怕你连苍蝇是什么样子都忘了。食堂的饭菜是多么精美、多么丰富、多么解馋呀！只有在学校食堂里，你才会感到吃饭是一种地道的享受。"最后，教室里爆发出一阵笑声，每个人都服气了。

幽默，就是这样不走寻常路，却同样能到达目的地；而且，它是那样从容不迫，表面上的宽容大度完全无碍于骨子里的一针见血。一位教师如果一点儿幽默感也没有，他课堂上的空气就是不流通的，学生很容易陷入无精打采的境地。当然，也不是说，没有幽默感的教师就完全不是好教师。幽默感作为教师审美趣味的一部分，是锦上添花。有的教师比较严肃板正，但只要他热爱真理，有真才实学，而且对学生认真负责，学生就可以从和他的交往中感受到浓厚的文化精神，感受到浓郁的诗意人生和不断进取的理想力量。毕竟，教师审美趣味的表露，不只限于"幽默感"。

上述教师的审美趣味，是由教师自身的修养、价值取向和工作方法决定的。这样的审美趣味必然通过课内课外影响着他们的学生，并以一传十、十传百的方式延伸开去。教师审美趣味越丰富、越高尚，就越有利于和学生融为一体，越有利于对学生产生积极的影响。因此，教师审美趣味是教育的另一个不容忽视的重要渠道。

五、教师的情商与审美趣味

基于教育的基本目的，德育与智育历来就是人们关注教育的焦点，被认为是社会和人生的希望。20 世纪 90 年代，国外有学者相继对"情商"这一主题进行了研究和讨论。其中一个最令人震惊的结果是，"情商是人生成功与否的关键"。这是一场新的教育理论革命。虽然这一理论的科学性与权威性还有待实践的进一步检验，但其作为一种新的理论及其初步实验的结果，已经引起世界的关注和极大兴趣。

（一）情商研究的概况与基本观点

情商一词最早出现在 1990 年，由哈佛大学和新罕布什尔大学的两位心理学家提出，用来描述对成功至关重要的情感特征，一开始译为"情感智力"。它是良好的道德情操，是乐观幽默的性格，是面对和克服困难的勇气，是自我激励的品质，是持之以恒的毅力，是同情和关心他人的善良，是与人相处、把握自己和他人情感的能力等。简而言之，它是人们的情感和社会技能，是除了智力因素之外的一切内容。

1995 年，丹尼尔·戈尔曼（Daniel Goleman）出版了《情感智力》，这本书当时十分畅销，几乎家喻户晓，当这一新兴概念出现在《时代》杂志的封面上时，更成了一个热门话题。克林顿在竞选总统时曾对记者说："我想向你们介绍一本非常好的书，它叫《情感智力》，非常有趣，我太喜欢了。"

继《情感智力》之后，《EQ 之门：如何培养高情商的孩子》一书在美国引起了新一轮的轰动。它不仅给出了情商理论的现实意义和基础，而且提出了一个令人振奋的新观点："智商是天生的，而情商是后天培养出来的。"

稳定的社会、丰富的物质生活、身体状况的改善与教育提供的优越条件，大大提高了人们的智商。根据新西兰一位学者的研究，现在儿童的智商比 20 世纪儿童的智商高出 20 个百分点。然而，虽然人越来越聪明，但他们的情感和社会技能却急剧下降。如果用心理健康和社会学统计的标准来衡量情商，今天的孩子在许多方面都不及上一代。

随着现代生活节奏不断加快，压力接踵而来，人们更容易感到抑郁和紧张。情商理论可以引导人们更适应生活，更自控，更快乐。

注重培养学生的情商，便会产生滚雪球效应——一旦事情开始了，一切就会越变越好。

（二）情商理论的生理依据

人体，尤其是大脑，被称为内宇宙。它有许多尚未被现代科学认识的领域，和外宇宙一样神奇而充满奥秘。情商理论与人脑机制有密切的关系。最新科学成果揭示，人的大脑复杂而丰富，每个细胞就像一台高功率的电脑。大脑通常被分成左右两半看待，左脑主要负责语言、数学和逻辑；右脑主要负责空间、音乐、想象和视觉。这两个分离部分又由胼胝体——含有 3 亿个活动神经细胞的交换系统——相连接，并快速地交流信息。大脑的边缘系统掌控情感，属于情感控制中心。这个控制中心与大脑中处理记忆存储的部分紧密相连。这就是深深触动情感的事情能在我们的脑海中记忆最为深切与牢固的原因。了解这些以后，我们就可以清楚地看到过去教育教学中的盲点。在过去，学校、家庭和社会都过于注重理性的教育模式，忽视了情感教育，导致大脑的一些部位长期得不到开发，浪费了许多珍贵的资源。情商的高低与知识的获得、品格的养成、交际能力的强弱等息息相关，其重要性对个体和社会都不言而喻，我们应该高度重视它。从教学工作的实际来看，教育教学历来重视品德培育与智力开发，情感方面则多有忽视。情感教育的缺失，事实上也会削弱德育与智育的成果。人的情商的产生，十分依赖高情商的培养者（在家庭主要是父母）。如果一个教育者自身情商不高，那么很难想象他培养出的学生具有高情商。情商的培养与教师的审美趣味有着密切的关系。从情商理论的角度看，现代教育教学有一条非常重要的因果链，即教师的高情商—高品质的审美趣味—完善而深刻的教育教学效果。

（三）教师是人类文明的传播者和建设者

百年大计，教育为本；教育大计，教师为本；教师大计，师德为本。习近平指出："好老师要做到学为人师、行为世范。"他倡议广大教师要"立德修身，潜心治学，开拓创新，真正把为学、为事、为人统一起来，当好学生成长的引路人，为培养德智体美劳全面发展的社会主义建设者和接班人、全面建设社会主义现代化国家不断做出新贡献"。

教师是学生成长道路上的领路人，学生的知识要靠教师去教授，学生的思维要靠教师去点拨，学生的思想品德要靠教师去陶冶。因此，在推进素质教育实施的过程中，一定要提高教师的职业道德素质，让教师以自己的人格力量影响学生，成为学生心中的榜样和楷模。

1. 教师的师德修养

时代不同，对师德的要求也各不相同。现代师德是对古代师德的继承与发展，在知识经济时代体现了更多的时代特征。师德修养的具体内容是多方面的，当前应该更关注以下几个方面：

（1）爱岗敬业、献身教育是师德的基本要求

教师这一职业是平凡的，又是伟大的。教师只有爱岗敬业，主动、不断地自我完善，才能积极面对应该承担的社会责任和社会义务，在教育活动中取得收获。教师只有献身教育，才能不断深入教育，更新、升华自我，体会到教育的成就感和幸福感。同时，这种成就感、幸福感又能激励着成千上万的教师不辞辛劳地为教育事业献身。

（2）热爱学生、教书育人是师德的核心

学生们各有自己的特点，相互之间有很大的差异。教师当然应该关注各方面都特别优秀的学生；但事实上，那些在各方面存在各种各样问题的学生更需要教师的关心和教育，把他们培养成拥有健康健全人格的、社会所需要的人才。这正是教育的价值和意义所在。教师要热爱学生，诲人不倦，树立"有教无类"的平等思想，建立民主、平等、亲密的师生关系，

做学生的良师益友。师爱是师德的核心，这种爱是神圣的，是教师教育学生的感情基础。教师站在讲台上就要有教师的样子，永远不要偏袒某一个人，也不要嘲弄学生；面对淘气或成绩不好的学生，要努力找出他们的优点，并给予赞扬。在教书育人的过程中，教师不仅要依靠知识的科学性来吸引学生、教育学生，还要用自身的人格力量去熏陶学生、塑造学生。知识的科学性与教师人格的高尚性在教书育人的过程中相辅相成：科学知识会因为教师人格更具魅力，教师人格会因为科学知识更显伟大。学生一旦有所感受，就会"亲其师"，接着"信其道"。教育正是在这个过程中实现其根本功能的。

（3）更新观念、努力创新是师德发展的突破

古人云："师者，传道、授业、解惑也。"其实，这三点就是教师的基本职能。只不过在今天，教师的角色正在发生变化，从"传道"者变为学习知识的引路人，从"解惑"者变为发现问题的启迪人，从"授业"者变为解决问题的参与人。从本质上讲，教育的功能不仅仅是对现有知识、经验和技能的继承，更是对未知世界的探索。特别是在当今世界科学技术迅猛发展、知识经济汹涌如潮的时代背景下，人类已经建立起来的知识和观念体系正在受到冲击，创新已经成为时代的主旋律。这一切都要求教师不能因循守旧、故步自封，必须始终精神奋发，锐意进取。

（4）以身作则、为人师表是师德的人格力量

一般来说，师德受教师人格的影响，因为师德的魅力主要表现在人格特征上。教师工作有强烈的榜样性，因为教师是教人怎样做人的人，那么他自己首先要知道怎样做人，这就是为人师表。教师只有以身作则、言行一致，才能发挥人格魅力。乌申斯基说："教师的人格，就是教育工作的一切。"身教重于言传，教师要严格要求自己，以身作则，以言行影响学生，做学生的榜样。青少年具有很强的模仿性和可塑性，从某种意义上来说，师生关系就是塑造与被塑造的关系：如果要求学生文明修身，教师自己就

要懂文明，有礼貌，谈吐文雅；如果要求学生衣着大方，教师自己就要端庄、整洁；如果要求学生言行一致，教师自己就要言而有信；如果要求学生诚实，教师自己就不要说谎。

（5）终身学习、不断进取是师德的升华

随着时代的发展，知识和技术更新的速度越来越快，每个人都会面临落伍的危险，终身学习已经变成了对每一个人的要求。研究表明，知识总量翻番的速度已经从20世纪50年代的10—15年缩短到3—6年。理论知识转化为现实生产力的周期也大大缩短，一名科技人员的应用知识只有20%左右是在学校中习得的，其余80%是在工作及生活中为适应具体需求而获得的。这一切都对学校和教师提出了更高的要求。在科技飞速发展的背景下，如果不经常学习新知识、新事物，那么原有的知识结构在面对实践的时候很快就会显得不够用。因此，时代要求教师转变学习观念，跟上当代知识和技术的发展，树立"边做边学、在做中学、终身学习"的理念。

教师对学生的影响是由许多因素决定的。除了道德之外，教师的学识、外表、权力等也会成为促使学生靠近教师的因素。然而，学识只能满足学生当下的求知欲，外表只能吸引肤浅的注意力，权力只能短暂地得到服从。真正打动学生心灵的力量来自人格和道德。这种力量才是经久不息的，它对学生的影响将持续一生。有一颗充满道德的心是做人的基本要求，教师的学识、权力、外表等加在一起，也远不如师德对学生的影响重要。师德问题不仅是某个教师的问题，更是教师群体的问题，即风气问题。个别教师没有师德，造成的坏影响可能只是小范围里的。但如果教师群体风气不好，特别是与社会上的不良风气相应和，那危害就大了。此时，师德问题就会演变为整个教育行业的道德问题，不良师风就会演变为教育行业的不正之风了。

师德师风问题与行业作风密切相关，而行业作风又与社会风气密切相关。如若世风日下，则行风日下；如若行风不正，则师风不正。所以，要端正教师的作风，首先要整顿教育行业的风气；要整顿教育行业的风气，首先要整顿社会风气。从另一方面来说，因为教育行业对后代的影响比其他行业的影响更大，所以教师风气正，也会推动教育行业风气正，教育行业风气正了，又能影响社会风气。所以，无论什么时候都有必要对教师的师德师风提出严格的要求。

2. 教师的审美趣味对情商的影响

教师审美趣味的根本意义在于为学生开辟一条情感通道，使情感因素的相关方面都能通过这条通道聚集和积累，使他们成为同时具备高智商和高情商的有用人才。当然，提高下一代的情商，并不能完全依靠教师的审美趣味，更重要的还要靠教育体制、教材内容、教学方式等各方面一起努力。如果应试教育不能有效、迅速地转变为素质教育，那么死板的考试制度将挤压所有的情感水分，那还谈什么情商？如果教材内容没有给情感教育留下发挥空间，一切都是枯燥的说教，连语文教材也只注重知识，小说是图解的生活，诗歌是空洞的口号，文学无法令人激动，那还谈什么情商？如果教学方式是填鸭式、灌输式，学生发挥主观能动性的大门被完全封死，学生的脑袋成为只用来接纳的容器，那还谈何情商？

在诸多因素中，教师审美趣味仍然是不可缺少的极其重要的一环。即使在上述问题严重存在的过去，教师的审美趣味仍然在教育教学中发挥着积极的作用。一大批优秀教师所取得的成就体现了他们的审美趣味对学生情商的影响。教师审美趣味的有无、高低，对课堂气氛和教学效果的影响有很大的差异。有这样一位老教师，他一辈子勤勤恳恳，认真负责，一丝不苟地对待教学。有人问他一直坚持的原因，他却并没有如他人一般谈出什么辉煌的道理，只说这是从小就养成的习惯，而这一习惯竟然与他读小学时在语文课本上读到的一则小故事有关。故事的情节大致是这样的：一位老铁匠为一艘远洋船只打造铁锚。他日夜不停地敲敲打打，直到把每一个地方都打造得牢靠结实。接了这个工作的其他铁匠很早就完成了任务，只有他仍在不停地锤呀打呀，把其他人的催促和嘲讽全都抛到了脑后。许多年后，这艘海轮在深夜遇到了风暴。为了稳定船只，一个个带着锁链的铁锚被抛入海中，却一个接一个地断了。绝望的船员们扔下了最后一个铁锚，这个铁锚的锁链是最粗、最结实的。奇迹终于发生了，船只稳住了，全船人的生命都得到了拯救。而这救命的铁锚以及那粗壮的锁链正是由那位可敬的铁匠默默锤炼而成的。课文里的故事情节固然动人，但令这位老教师印象深刻的，是当年他的老师教这一课时的认真、动情的神采。如果没有当年教师的情感中介，这个故事不可能像一颗生命力旺盛的种子一样，在这位老教师心中生根发芽，最终开出一朵美丽的精神之花。"去以自己的火点燃旁人的火，去以心发现心。"用当代诗人何其芳这两句诗来描述教师审美趣味的特点与功能，再合适不过了。教师审美趣味应该是真诚的，不能夹杂任何虚伪和矫揉造作。只有真诚才能唤醒真诚，才能得到真诚的回应；只有真诚才能深入人心，才能播种思想和情感的种子。

情商联系着记忆，情感记忆既是最有效的记忆，对人的影响也最深刻。有一位长辈曾叙述他少年时代的一次英文课，课文是《卖火柴的小女孩》。当时的英文教师是一位高大魁梧的篮球运动员，充满了阳刚之气。所以，当他读出课文的标题时，学生们对他并没有什么期待。然而，随着他流利清晰的口语和饱含情感的讲解一入耳，学生们很快就进入了故事中那个美丽的童话世界，一颗颗幼小的心灵与不幸的小女孩的心紧紧相依在一起，为她的渴望而渴望，为她的痛苦而痛苦，为她的悲惨遭遇而心灵战栗。所以，当往常学生盼望的下课铃声响起时，他们仍旧悄无声息，往日的骚动没有出现，教师也像什么都没有发现，继续讲解着故事。这次的英文课一共有两节，中间没有下课，也没有任何人提出异议。一位坐在门边的同学悄悄地走了出去，迅速拿来一杯水，送到讲台上，然后静静地回到座位上。故事结束时，有些情感脆弱的女生开始低声哭泣。下课后，每个人都满怀敬意，目送教师离去。我们可以预料到，后来，几乎所有被要求背诵的学生都能准确而流利地背诵出这篇长课文。这位长辈说，这篇课文，他记了一辈子，即使老了也能完完整整地背诵出来。每当他面对弱者、穷人和不幸者时，他就会想起这篇课文，并以一颗温柔的心对待他们。教师的审美趣味需要这样的真诚。有了这样的真诚，任何程式和技巧都会黯然失色。

从上面的两个例子我们可以看出，重视情商的培养对塑造性格和开发智力有多么重要！要培养学生的情商，除了要求教师要在教书育人过程中注入情感之外，还要为学生表达情感提供或创造机会。现代社会人际交往的重要通道之一就是表达自己的情感并能理解别人的情感。所以，不论是在课堂内还是课堂外，教师都要积极组织活动，帮助学生交流情感。学生的情感如果长期得不到流通，很有可能变成情感的"哑巴"。此外，在培养情商时，还要注意培养学生用语言之外的方式进行交流的技能。有研究表明，在人们面对面交流的过程中，55%的情感内容是由非语言的暗示表达的，比如面部表情、姿势、体态等，38%的情感内容由语调表达，只有7%的情感内容是用语言表达的。所以，教师的审美趣味也应该通过"非语言暗示"来表达。充满激情的教师在课堂上的一笑一颦、举手投足，都会作为一种情感象征深深地印在学生心间。他讲课时的发音、声调、节奏和速度，就像大礼堂里乐团指挥家手中的指挥棒，时刻调动着学生情感的起伏。特别是优秀语文教师的朗读，简直给人以美的享受。听众会随着这位指挥家的情感时而会心一笑，时而默默落泪，时而义愤填膺，时而低声哀叹，教师的魔力会把学生的感情世界变得丰富多彩。就连讲解、朗读过程中必要的停顿也具有表情达意的作用。总而言之，教师的审美趣味在培养学生情商中的作用是不可替代的。为了让新一代更聪明，更好地适应社会的发展，教师应该更加努力地提升自身的审美趣味。

六、教师审美趣味与教育

（一）我国现代教育的本质及现状

1．本质

我国现代教育学派及其观点众多，但其中有两个共同点。笔者认为，这也是最重要的两点，应该引起我们的重视。

第一，教育不仅仅是"传道，受业，解惑"，也不仅仅是把个体变成充满知识的人，教育的根本任务在于，在个体和社会的统一中来把握人的身心（知识、意识、情感）的全面发展，并通过教育手段逐渐促进学生的内在心智结构（认识结构、道德结构、审美结构）趋向完善。这也就是马克思反复提到的，教育应该"造就全面发展的人"或"生产完整的人"。

第二，教育对象是整个教育过程的中心。学生不应被当成马戏团里的动物，被动地接受训练。著名教育家约翰·杜威（John Dewey，1859—1952）认为，学校应该作为社会生活的一种形式，让学生成为这个特别"社会"的主人。他甚至说："教育是生活的过程，而不是将来生活的预备。"这样，学生从走进学校的那一天起就进入了"生活"。所以，把学生当作容器往里面灌输道理和知识，或当成原材料按照图纸施工的教育观念，是和现代观念背道而驰的。

2．现状

多年以来，我们的教育总是更多地关注智育和德育，而且容易走极端，又不得其门而入。现在，素质教育虽然被提出来了，但在大多数学校中，遵循多年的"老师讲学生听"的状况仍然存在。希望那种在教学实践中逐步确立和发展学生在学习过程中的主体地位，塑造和建构学习主体的实例成为主流。

（二）教师审美趣味在教育中的作用

要想彻底有效地解决上述问题，离不开"教育评估"这一强有力的杠杆。当这个杠杆目前还没有时间或精力涉及这一领域时，教师就应主动作为。在让学生积极主动地应对求知活动，让学生的审美结构得到调整、丰富与健全这方面，绝不可低估教师的作用。几乎可以说，教师的素质决定了学生的素质，而教师的素质，又在很大程度上体现在他的审美趣味上。这里主要探讨教师审美趣味在教育中的作用。

1. 培养学生情感，唤醒精神需要

教育行为不是倾倒与填鸭，而是渗透与感染。这是人们早就达成的共识。要想让学生接受思想、获得知识，首先学生们要达到"教育性水平"或苏霍姆林斯基所说的"可教育性水平"，否则，一切都不过是徒劳无益。要创造这种"可教育性"，不能依靠教师寡淡无味的讲解，更不能依靠叫喊、恐吓、惩罚和动辄就请家长的做法。真正有效的方法是聚焦于学生的情感世界并在其中细心耕耘，令他们内心的文化要求和精神需要得到觉醒。比如：语文教学一定要让学生领略到每一个看似无生命字词的美；数学教学一定要让学生将数学知识应用到生活中；音乐教学一定要让学生从旋律和节奏中捕捉到优美的画面和作者的情感；美术教学一定要让学生在现实中去发现和创造美；历史教学一定要让学生迈入历史长河，聆听历史的回声；物理、化学教学一定要让学生了解自然的广袤、缤纷和魔力。这种潜移默化的渗透影响，不仅能使学生达到"教育性水平"，而且能够起到教育的效果，培养学生主动接受教育的积极性，即兴趣。没有教师的审美趣味，课堂气氛就会像一潭死水。

2. 构建自由空间，愉悦学生身心

一位美国学者曾对一所号称"最佳高中"派出的顶尖学生代表进行过一个评估调查。结果显示，这些顶尖学生中只有20%—45%的人在课堂上认真学习，换句话说，连一半也没有。根据这一结果他推论，在优秀的学

校，实际数值接近 25%，而在普通学校连 5% 都达不到。最令他和别的研究人员震惊的是，一个从幼儿园到高中都一直是尖子生的学生——他分数总是 A，很少得 B，甚至从没有得过 C——居然坦白道："我想说，我没有在任何一堂学校的课上尽自己最大的努力。"当被问及"如果你在课堂上没有做到最好，那你在学校的什么地方做到最好了呢"时，他的回答再次震惊了众人："在篮球队。"这位学者的核心理论是一切遵循选择规律，按选择规律办事，就能达到最高的效率，才能成功。他强调，必须迅速从强制教育转变为有效教育。有效教育依赖的就是愉悦和自由，首先是选择的自由。学生们上课时心里是充满喜悦的，像爱好篮球的孩子一样，无论多么辛苦，也始终充满了高昂的兴致。这给了我们启示：有效教育催生真正的教育成果，而有效教育来自学习者的美的体验，这种美的体验只可能由教师的审美趣味赋予。

近年来，一些人提倡并尝试快乐教育，或称幸福教育，试图通过学习环境的设置、教育手段的调整来创造一种愉悦、自由的教育氛围。这种努力当然值得赞扬。不过，我们认为，真正的愉悦与自由的教育氛围，首先应该来自教师的审美趣味。美是自由的象征，美本身就能令人愉悦。任何外部设施和教育手段都无法取代教师审美趣味所带来的充满愉悦与自由的空气。一位优秀教师登上讲台的第一句话，往往就是第一缕春风，它会立即激起全体学生心灵的快意，能引起他们的求知欲。整个教学过程就像沐浴在春风中，甚至会令人欲罢不能、尚有遗憾，因为一堂课的四五十分钟过得太快了。在这样的环境中学习才是一种精神享受。

3. 基于自身经历，对学生言传身教

教师良好的审美趣味，体现了他的进取人生，他高尚的理想也在其中闪光。教师的教学工作，不是对教材课本的机械复读，而应有更大的自由度与创造空间，一般教师会基于自己的经历来对学生言传身教。可是教师也要注意，在联系自己的生活与思想讲授知识的时候，一定要关注趣味的

内涵所生成的教育影响。

教师良好的审美趣味，是随同他的教学渗透到学生心中的增强剂，是一种生动直观的生活榜样，它将引导学生培养积极向上的人生态度和高尚纯洁的心灵品质。可见教师的审美趣味是多么重要啊！

4. 适时运用幽默，营造宽松氛围

健康的心理和乐观的情绪是教师良好的审美趣味的重要标志之一。正如前文所说的，它集中表现为一种幽默感。幽默感能产生嘲讽的效果，但和嘲讽又不尽相同。嘲讽是一种激进的、尖锐的情绪，而幽默则是淡然的、滑稽的、轻松的情绪。幽默可以创造出轻松欢快的气氛，但在这轻松欢快中又充满了睿智。一个富于幽默感的人拥有充实而有力的心，也拥有一个挺立的灵魂、一个充满智慧的头脑。幽默的言语不仅能令人发笑，还能令人在笑声之后进行深思。发笑的人会得到启迪和益处，甚至有时候能令人生往前迈进一步。

1971年，陈毅已处于癌症晚期，他住在医院里，身上接着许多导管，帮助输氧、输液、引流。一天，杜秘书带着书报来看望陈毅。当他看见刚勇的英雄元帅成了眼前的模样，不禁黯然。陈毅却笑着对他说："你看，我现在赴宴已经实现管道化了。"外表已经很虚弱，离死神只有一步之遥的陈毅，精神依然矍铄，他的伟大不朽的人格在笑语中表现得淋漓尽致。这种人格是宝贵的精神资源，它丰富了自己，也丰富了别人。

5. 提高学生的美学修养，培养学生的艺术细胞

（1）教师审美趣味对学生审美能力的影响

单纯从审美角度来说，教师良好的审美趣味就是坚持不懈地给学生上生动直观的审美课，让他们养成良好的审美眼光。

①语文课。事实上，语文课是最饱含艺术趣味的；不应只讲背景、作者简介、段落大意、重要词语句段、思想意义、艺术特点、主题等，否则，那些经历岁月冲刷依旧留在文学殿堂的名篇，就会被"肢解"。

②地理课。表面上看，地理课传授地理知识，客观介绍人类生存与发展的自然环境，但其中暗含着许多引人入胜的内容：富饶热闹的人类家园、如诗如画的秀美水域、鬼斧神工的壮丽山峦，还有无数伟大历史人物的足迹和各种风土人情。

③历史课。表面上看，历史课只是教授史实，但其中存在着多少有血有肉的人物：既有为国捐躯的仁人志士，也有永垂不朽的民族脊梁。

教师的审美趣味犹如挖掘机，可以从自己学科中挖掘出丰富的感情资源和人格资源——艺术的理想形象可以使人更加"人化"；历史伟人的呐喊呼号可以治疗现实中的失语症；名人名家的坚韧不拔可以纠正退缩怯懦。总之，教师的审美趣味，看起来只属于个人，但实际上它属于教育；虽然它总是在无意中显露出来，但它却具有"无目的的合目的性"（康德语），换句话说，可以做到"无心插柳柳成荫"。

（2）教师审美趣味对学生艺术能力的影响

教学不仅是科学，也是艺术，换句话说，它是科学与艺术的完美结合。称它为科学，是因为它在实施的过程中有严格的逻辑指导和知识范式，在教学目标、教学对象、学科性质等方面，都必须遵循其内在的客观规律，不能违背。称它是艺术，是因为在实现相同目标的前提下，所采取的手段可以而且应当多样化，充满创新精神。更重要的是，好的教学总是伴随着某种"趣味"，在富于逻辑性的讲解过程中，往往会伴有一种"情感伴音"。古人说的"如坐春风"就是指这种境界。要想使教学达到这一境界，首先就要重视教师的审美趣味。

①教师审美趣味有利于营造轻松愉快的教学氛围

求知本来就不是一件简单的事情，恩格斯生动地称钻研理论为"啃酸果"，可见它是一项费力的精神劳动。有些人依靠外部力量的鼓励和监督，有些人则依靠理性的内在动力使这项劳动得以继续。悬梁刺股的故事就是一个突出的例子。但是，如果在教学过程中打开情感之门，让枯燥艰涩的理论变成为清凉的甘泉，源源不断地流进学生的心中，那么，求知的沉重和艰辛就可以得到减缓甚至消除，变成轻松愉快的享受。试看下面这段文字：

子路、曾晳、冉有、公西华侍坐。

子曰："以吾一日长乎尔，毋吾以也。居则曰：'不吾知也！'如或知尔，则何以哉？"

子路率尔而对曰："千乘之国，摄乎大国之间，加之以师旅，因之以饥馑；由也为之，比及三年，可使有勇，且知方也。"

夫子哂之。

"求！尔何如？"

对曰："方六七十，如五六十，求也为之，比及三年，可使足民。如其礼乐，以俟君子。"

"赤！尔何如？"

对曰："非曰能之，愿学焉。宗庙之事，如会同，端章甫，愿为小相焉。"

"点！尔何如？"

鼓瑟希，铿尔，舍瑟而作，对曰："异乎三子者之撰。"

子曰："何伤乎？亦各言其志也！"

曰："莫春者，春服既成，冠者五六人，童子六七人，浴乎沂，风乎舞雩，咏而归。"

夫子喟然叹曰："吾与点也！"

这段文字出自《论语》，堪称孔子这位伟大的教育家精彩施教的现场直播。孔子充分发扬了以学生为主体的平等（或民主）施教原则。学生各自述说自己的志向，不附和他人，具有很强的个性特色。同时，孔子还充分

　　○ 顺学而修，顺教而炼：优秀教师的人格力量 ●

发挥了教师的主导作用，首先提出关键问题，引导学生畅所欲言；自己则认真倾听，表现了他对学生的尊重。即使如此，作为教师，孔子对学生发表的意见，批评和赞扬仍是分明的。如文中的"夫子哂之""夫子喟然叹曰：'吾与点也！'"这些笑而不语或轻描淡写的反应，其实是一种表态，是一种点拨。孔子的这堂课，主题是严肃的，它探讨的是人生的志向和治世的方略，但课堂的氛围竟然这么轻松。在这里，不仅有教师的引导，还有同学之间的相互启发；在这里，虽然没有长篇阔论，但有自由和独立的思考；在这里，与理性探索同行的还有和谐愉悦的情感。如夫子的"一哂"和"喟然"，如曾皙的那段极富诗情的发言，等等。从现代的角度来看，这堂课也是非常成功的，教师良好的审美趣味应该在其中发挥了重要的导向作用。

②教师审美趣味有利于激发学习兴趣与创造性思维

从信息论的观点来看，所有的知识都是信息。客观性是信息的重要属性，也是信息的第一性，是自然和社会的客观产物。当然，教科书中提供的信息并不是这种第一性信息，它属于第二性信息，即人们对待事实的态度和对事实所做的解释，简而言之，就是被说明和被解释的信息。现在的问题是，作为"信息传达者"的教师如何对待教科书所提供的信息，是完全照着课本念，还是努力探索，将这些信息加以转化？是去做冷处理，还是用自己的思考和激情给听者以鲜活的感觉，促使听者一起思考和兴奋？一位苏联诗人曾说，要"把自己的探索、思考、疑虑袒露在读者面前，请他们同自己一起共思考、共欢乐或共悲伤。相互信任与相互理解便由此而产生"。教师传达信息的方式大概也应如此。教师的课堂就是教师的教学激情和审美趣味自然流露和有意倾注的主要渠道。审美趣味单一或缺乏的教师的教学，通常就如机器人在给学生灌输知识，不能说有什么积极的效果。教学的激情就像一团火，没有它，我们就无法在课堂上点燃充满丰富求知欲的光焰。教学激情绝不是肤浅、表面的逢场作戏；相反，教学激情与教师整个人格结构、知识结构、审美理想息息相关，缺一不可。

例如，教师在教授杰出音乐家肖邦的名作《C 小调革命练习曲》时，如果不了解作者的时代背景和作曲意图，把握不住作品的曲式、体裁、风格、主题的变化，无法理解全曲的音乐形象；那么，在面对那有时强烈、有时缓慢的乐曲时，就会感到茫然，或者只能做大致的介绍。如果教师自己本身缺乏强烈的爱国情感，也就无法和它产生共鸣，也就不会体会到作者在曲中注入的激昂、缠绵、刚毅、悲愤的情感。如果教师的审美理想、审美趣味与作品有距离，那么也难以引导学生进入陶醉、梦幻、忘我的审美境界。课堂上由教师审美趣味形成的教学激情，与真理的理性精神、哲学的严谨风格并不矛盾，它是后者的补充和润滑。

趣味，给寻求知识的过程带来了快乐；趣味，借助"无意注意"，让知识随着愉悦的情感牢固地留存在记忆中，它不像理性的阐释那样清晰，具有一定的模糊性；但也正因为如此，它给学生留下了更多的想象与思考空间，为学生提供了更多洞察和创造的机会。让我们来看看下面这一则教学笔记。

阴天。停电。

下午第三节高一（6）班的语文课。离下课还有十分钟。

"同学们，你们今天辛苦了。老师很感动，同时也特别想知道，在现在这样一个'暗无天日'的特殊环境中学习，你们有什么感受。我希望每位同学都能用一句话表达自己的感觉。请大家思考两分钟。"

两分钟后，同学们开始轮流发言了——

"今天，我才真正知道什么叫'刮目相看''望眼欲穿'。"

"光透不过厚实的墙，更无法绕道而行。"

"黑暗中，虽然眼睛失去了往日的神采，但耳朵却大出风头。"

○　顺学而修，顺教而炼：优秀教师的人格力量　●

"失去了才知道拥有有多可贵。"

"在黑暗中学习，有一种返璞归真的感觉。"

"白天能懂得夜的黑。"

"黑暗是暂时的，光明就在明天。"

"我穿越时空隧道来到远古。"

"从没有哪一天，我对爱迪生感到如此亲切。"

窗外的天依旧阴沉沉，可教室里却闪烁着智慧之光，翻涌着创造之波。望着昏暗中那些年轻而兴奋的面孔，我忽然意识到：把门关起来是绝对不可能实现教学艺术的。只要你抓住契机，稍微用力，就能激活思维的泉水。艺术需要灵性，它来自学生对生活的真实体验，能激发创造的活力。

下课前的十分钟，教师的灵机一动，既可驱散课堂沉闷的气氛，又提供了一个学习和思考的机会。教师使用"暗无天日"这个"不当"的词饶有趣味，果然，课堂一下子活跃起来，学生发挥想象力和创造力，一个个妙语连珠。一次普通的停电，一个灵机一动的提议，竟然创造了收获满满的十分钟。教师说，这十分钟是黄金。事实上，也可以说，在教学中，教师良好的审美趣味是"点金棒"。需要注意的是，教师审美趣味所营造的轻松愉快的课堂氛围，必须具有正确的导向和提高学习兴趣的功效；否则，单纯为了轻松而轻松，为了制造笑料而开玩笑，就毫无意义，甚至可能产生负面效果。

笔者曾经听过这样一节课：上课铃响后不久，教室里就爆发出一阵一阵的笑声，几乎持续了整整一节课。如果不是在上课期间，听到的人或许以为学生们正在观看什么喜剧节目。在课堂上引得学生发笑，营造欢乐的课堂气氛并不难，毕竟茶余饭后的谈资、街头巷尾的见闻，都可以成为笑声的"导火索"；但是，教师要思考的是，笑过之后又将怎样呢？是会提高学生的学习动力，还是能振奋他们困倦的精神，还是只笑笑而已？

　　成功的教学的确应该给人一种愉悦感；但这种愉悦应该来自教师传达的知识信息的真理性和新颖性，应该来自教师所使用的严谨或幽默的智慧语言，应该来自教师用激情之火点燃的情感，应该来自学生因教师的教导而茅塞顿开。简而言之，与这种愉悦相生的应该是一种充实——学识的充实、人格的充实。

　　课堂上的愉悦来自教师和学生共同的营造。这是一种深层的精神反应，它的外化状态是教师与学生的默契与会意，它是以认知交流和情感共鸣为媒介，在高层次上实现人与人之间的和谐的境界，其结果是理性的崛起和情感的升华。教育就在其中。

　　因此，教学效果的好坏直接受到教师审美趣味高低的影响，它将决定教学的方向、深度与广度。教师审美趣味有利于把非审美因素转换为审美因素，强化教学效果的教学行为是科学行为，具有严格的规范性。所有的学科教材都是遵循认识规律，从认知的角度编定的，绝大部分由非审美因素构成，充满了理性。当然，这与正处于青春激情阶段的学生，特别是中小学生的天性相去甚远。要想缩短甚至消除这个距离，只能靠教师的审美趣味。优秀的教师能在审美趣味的帮助下，把教材和课堂变得明亮、欢快。举个例子，爱因斯坦提出了举世闻名的"相对论"，这一理论十分博大精深，体系严密，对普通人来说是难以理解的；然而，爱因斯坦却用一种幽默的比喻对此做了解释："如果你坐在一个漂亮的女孩旁边两个小时，你会觉得只过去了一分钟；如果你挨着一个火炉坐了一分钟，却会觉得过了一个小时。这就是相对论。"当然，这个幽默的解释不能取代对相对论的科学研究；可是，从这个简短的比喻中，整个相对论的精神已变得不难理解，令人难忘。所以说，一旦有了审美趣味的润色，所谓灰色的、死板的理论就会变得流光溢彩了。

　　标点符号纯粹是工具性知识，没有审美价值；然而，在鲁迅的《为了忘却的记念》中，当写到柔石等五位革命者被反动派深夜加害时，作者这样表述："原来如此！……"如果是一位审美感迟钝的教师，他可能只会说，感叹号表达了情感，省略号表示无语；而富有审美趣味的教师一定会紧紧抓住这一点，让学生认真思考这两个司空见惯的标点符号蕴含的无限情感，这就是任何艺术语言都难以表达和取代的"此时无声胜有声"！这样，无生命的、非审美的、附加属性的标点符号就神奇地化成高强度、高审美的重要内容了。

如果教师没有审美趣味，那即使是原本就包含丰富审美因素的艺术学科，也会变得枯燥无味、黯然失色。我曾听过这样一节音乐课，至今令我难以忘记。教师要教学一首名为《我们是新世纪的主人》的歌曲，曲调轻快悠扬，歌词中还有"白云""蓝天""小鸟""鲜花"这样充满儿童趣味的意象。女教师是这样开始的："区里规定要学这首歌，而且在开会时人人要会唱。好，现在先学曲子。"没过半节课，学生就把词和曲都学会了，剩下的时间怎么办？无论如何都不能下课，那就反复唱！结果唱到感情逐渐消失，唱到有的学生不耐烦了，唱到有的学生被训斥、被罚站，然后让坐着的、站着的再一遍一遍唱。啊，从学生口中流淌出来的哪里还是歌声，简直就是学生们对下课铃声的祈求。这个例子表明，如果教师没有审美趣味，那么原本情感充沛的学科教学也会情感枯竭。因此，在教学音乐课时，为了不让谱线、音符与乐理知识将课程变得枯燥，有的教师会把欣赏课提前引入音乐教学过程。当那些单调、机械的音符进入乐曲，就会立刻成为一幅锦绣，仿佛那些谱线都倾注了生命之泉，自己跳动起来，课堂当然也就平添了几分吸引力。

可见，教师的审美趣味是情感的火焰，有了它教学过程中情感才会燃烧，才会炽热而明亮！

七、教态与教师审美趣味

教态是教师审美趣味的集中体现，广义上讲，是指教师的姿态和仪表，包括教师的言语风格、行为举止、服装服饰等；狭义上讲，是指教师在课堂上和在学生面前传授知识过程中的形象。

教师美好的教态是其人格和智慧的外在显示，也集中体现了教师的审美趣味。几乎所有的教育家都十分注意自己的教态，《论语·述而篇》中描述孔子的教态是"温而厉，威而不猛，恭而安"，意思是孔子温和又严厉，有威仪但不凶猛，恭谦而安详。虽然这和当时的历史环境有关，不一定适合今天的教师，但它在一定程度上传达了教师应有的责任感和文化品位。我们应该认识到，这样的教师教态和教师职业内涵是一致的。美好的教态既有共性，又有个性。有些教师教态潇洒，他们在课堂上行为举止潇洒自如，教学如行云流水；偶尔妙语连珠，魅力四射。才华横溢的教师本身就充满魅力，能极大地激发学生的求知欲。听他们授课，更是一种精神享受。有的教师教态严谨。他们在课堂上一板一眼，设计好的环节纹丝不乱，绝无半句废话，板书工整舒展。他们教学的每一步都是提前计划好的，并且被严格执行着。这种教师依靠自己充实的知识和严格的教学逻辑深深吸引着学生。听他们的课，同样能感到愉悦，充满收获。

这两种教态虽然并不相同，但都值得肯定。教师良好的教态直接影响着学生道德、知识、审美的成长。

首先，知识丰富、善于教学、教态优美的教师，会像磁铁一样吸引学生的注意力。如果教态过于死板，就会让人感到乏味；如果教师教态滑稽，就会让人忍俊不禁。这两类都会削弱教学的效果。教师优美的教态会让学生身心舒适，觉得听课是一种享受，从而由有意注意转入无意注意。毫无疑问，这是有益于教学的。

其次，适当的、得体的表情和动作能加深学生的印象，帮助他们理解知识的内涵。在一堂酣畅淋漓的课中，如果教师能给予学生一个深邃的眼神或一次激情的挥手，或许能产生令听者终生难忘的效果。

最后，教师应该成为学生的榜样。低年级的学生常常把教师当成模仿的对象。如果教师举止端庄，衣着大方，谈吐文雅，学生会竞相效仿；反之，如果教师举止粗鲁轻浮，衣着争奇斗艳，言语肮脏，学生也难免会照葫芦画瓢。

总而言之，教师的审美趣味直接关系到教学的效果，我们对此一定要重视起来。伟大的教育家苏霍姆林斯基曾这样总结教师的作用："假如孩子们从我的生活中经过，可是无论在记忆中还是在心坎上都没有留下痕迹，那么这就是对我最大的惩罚……我们称之为'教育'的一切，正是在人身上再现自己的一种伟大创造。"由此可见，教师会全面而深刻地影响学生。教师在学生这张干净的白纸上留下的痕迹，不仅有他传授的知识，更有他的人格，包括他的审美趣味。

教师良好的审美趣味，不仅能使其本人的体质、心理与人生健康发展，甚至能引领学生并助力整个社会健康发展。

第三节　教师人格的自我完善

在古代，修身立德往往建立在慎独的基础上。慎独是修身之道的精髓，也是中华民族宝贵的精神财富，是一个人追求思想品德修养最高境界的重要和必经路径，对建设中国文明社会和培育文明国民具有积极的现实意义。作为一名教育者，教师人格的自我完善与慎独自律更是具有深刻的思想意义。

教育的基石是教师的人格，而慎独是提高和完善教师政治人格、道德人格、智慧人格、审美人格、情感人格的重要方法和途径。

慎独，出自《中庸》《大学》等儒家经典。"君子戒慎乎其所不睹，恐惧乎其所永闻。莫见乎隐，莫见乎微，故君子慎其独也。"(《中庸》)"所谓诚其意者：毋自欺也，如恶恶臭，如好好色，此之谓自谦，故君子必慎其独也！小人闲居为不善，无所不至，见君子而后厌然，掩其不善，而著其善。人之视己，如见其肺肝然，则何益矣。此谓诚于中，形于外，故君子必慎其独也。"(《大学》)

慎独在词典中的解释为："指人独处时谨慎不苟。"除此之外，还有学者认为，慎独是一种"内心真诚的心理状态"，与是否独处无关。慎独的价值不在于闭门思过和坐而论道，而在于真诚和始终如一。不管周围是否有

　○　顺学而修，顺教而炼：优秀教师的人格力量　●

人，都能严格要求自己，一丝不苟。即使在不为人知、不被监督甚至没人发现的情况下，仍然保持高尚的情操和善良的信念，不做任何坏事。

学校是神圣的地方，教师的工作是以灵魂塑造灵魂、以人格培育人格的劳动。教师的人格包括政治人格、道德人格、智慧人格、审美人格、情感人格、心理人格等。师德的一切要求都是以教师的人格为基础的，因为师德的魅力主要体现在教师的人格特征上。因此，通过慎独自律不断完善教育工作者的人格，是教育者先受教育、先做人后育人的基本途径。

慎独自律，有利于促进教师政治人格的成熟。政治人格是西方政治学术语之一，又称政治人性，是一个人在政治活动中产生和表现出来的持久性特征的总和。毋庸置疑，学校应该把坚定正确的政治方向放在首位。被誉为"教师的教师"的教育家阿道尔夫·第斯多惠强调，教师必须坚持教育的进步方向，具备进步的政治态度，具有刚毅、严格、坚定的精神状态与性格力量。《礼记·学记》中有这样一句话："是故古之王者建国君民，教学为先。"孔子也提出了举贤才、行德政的主张。人民教师肩负着教书育人的历史使命，教师的社会职责决定了他们必须是先进生产力的促进者、先进文化的传播者，必须要有鲜明的政治立场和坚定的政治方向。只有慎独自律，才能始终保持清醒的政治态度、政治头脑和政治敏锐性，才能忠诚于党和人民的教育事业，与党和人民同心同德。

慎独自律，有利于促进教师道德人格的净化。在社会活动和实践中，学校不仅要成为道德教育的重要基地，还要为社会道德建设提供精神支持。从"以德治国"到"以德治教"，对教师的道德人格和教育职责都提出了更高的要求。因为，社会道德与教师个体存在着三重关系：教师既是道德的体现者，又是道德的接受者，更是道德的教育者、传承者。在教师的道德人格中，无论直接或间接，道德认识、道德意志、道德信念、道德情感、道德习惯对学生的影响都是非常广泛和重要的。马克思曾说过："道德的基础是人类精神的自律。"教师在从道德习惯向道德人格的转变过程中，只有慎独，才能实现自由的、理性的、自觉的道德人格的提升。

慎独自律，有利于促进教师情感人格的和谐。教育不仅是心灵的教育，还是师生之间心灵和情感的相互影响和交流。第斯多惠曾经说过："谁要是自己还没有发展培养自己的情感，他就不能发展和培养好别人的情感。"教师在教育人、引导人、培养人、塑造人、武装人、熏陶人的过程中，"激情、热情是人强烈追求自己的对象的本质力量"。从"物化"到"人化"是教师情感人格的发展过程，要完善自我的情感人格，只有慎独自律才能实现理性世界与感性世界的和谐统一，才能做到"己所不欲，勿施于人"，才能做到"己欲立而立人，己欲达而达人"。

慎独自律，有利于促进教师智慧人格的丰富。所谓智慧人格，是指人的智慧特征与观念的完美结合。在世界思想史上，苏格拉底率先提出了将智慧和人格结合起来，使之成为西方文化的奠基石。作为教师，智慧人格在教育中的体现一方面是师能和师艺，另一方面是"教智"和"智教"。"操修理性而运用思想"是智慧人格的最大特征。教师智慧人格的形成，是淡泊心境、自主选择的过程，是尚德与尚智的统一，是始终如一、不卑不亢、不以物喜、不以己悲、坚韧不拔、全心全意地追求志向的过程。从这个意义上讲，智慧人格的形成显然是与慎独自律分不开的。

慎独自律，有利于促进教师审美人格的升华。审美人格是道德人格升华的产物。这里所讲的审美人格，不仅包括了艺术修养，还涉及人们对生活方式、生活目的等基本问题的基本态度。审美人格的最大特征是自由，是人的主观能动性与社会的客观规律性的统一，是真与善的统一，是人与自然的和谐发展。"教育绝非单纯的文化传递，教育之为教育，正在于它是一种人格心灵的'唤醒'，这是教育的核心所在"。这里的"唤醒"，包括对审美人格的准确把握、定位要求和挖掘铸造。审美人格的基础是现实人格，审美人格的走向是由现实人格来决定的。当一个人缺乏对人生的信念、对社会的责任、对生活的憧憬、对事业的动力以及对未来的希望时，他就无法产生审美愉悦，自然也就无法确定审美人格的主题基调。因此，慎独自律可以促进现实人格的净化，从而促进审美人格的延续和升华。

教师慎独与人格的自我完善，是教师的立身之本、立教之本。我们要充分认识慎独与教师人格自我完善行为在具体实践过程中的长期性、艰巨性，充分体现示范性，不断提高自觉性。

慎独与教师人格的自我完善，是教育教学规律的客观要求，是师风、校风的凝聚。

汉朝思想家扬雄在其著作《法言》里提出："师者，人之模范也。"教师的慎独与人格的自我完善，是最鲜明、最有力、最现实、最生动、最直观的教育手段，是学生的一面旗帜。俗话说："桃李不言，下自成蹊。"教师慎独和人格自我完善的示范性，具有审美导向、心理导向、道德导向和价值导向等功能，能对学生起到一种"润物细无声"的教育和熏陶作用。同时，这种示范性是其他行业无法替代的。一方面，教师通过慎独和人格的自我完善影响社会，带动社会，净化社会；另一方面，教师又通过培养成千上万个具有健康、健全人格的学生来影响社会，带动社会，净化社会。

明朝思想家王守仁提出"知行合一"，强调知识与实践的统一。知行统一也是社会主义学校培养学生的原则要求。因此，我们应该积极为学生创造实践的机会和环境，组织学生参加社会实践活动，使他们接受"行"的方式和习惯。在实践过程中，由于青少年的心理具有较强的模仿性、可塑性和"向师性"特点，教师慎独和人格自我完善的示范性就显得尤为重要。乌申斯基曾说："教师个人对青年人心灵的影响所产生的教育力量，无论什么样的教科书，无论什么样的思潮，无论什么样的奖惩制度都是代替不了的。"

教师慎独和人格自我完善的示范性既是有声的，又是无声的。我们不仅要重视有声的言传，更要重视无声的身教。既要规范，也要垂范；既要模范，更应成为世范。教师要充分意识到这一示范性所起到的凝聚人、鼓舞人、引导人、规范人、带动人的作用，不仅要让自己成为"经师"，更要成为"人师"。

教师慎独和人格的自我完善，必须要具备高度的人格修养的自觉性。《淮南子·说山训》中说："兰生幽谷，不为莫服而不芳；舟在江海，不为莫乘而不浮；君子行义，不为莫知而止休。"古人强调君子应该努力做到"不为莫知而止休"，这句话突出的正是自觉性。公孙仪拒鱼、叶存仁"不畏人知畏己知"等事例之所以被千古传颂，正是其高度自觉性的表现。

教师的教育劳动有其特殊性，例如，教育教学的复杂性和艺术性、教书育人过程的迟效性等。这些特殊性使得教师的教育工作在一定程度上难以受到直接监督，这就非常需要以自觉性为前提。而教师的慎独和人格的自我完善，也是在这种自觉性的基础上培养和形成的。

慎独是一种在没有外在的、没有权威的、没有强制性状态下的自律。从自发到自觉，从他律到自律，从被动到主动，完全依靠内心的自觉追求，这是一种渴望完美的高尚情操。诚然，教师人格的完善还需要法律法规来实行规范、约束和制约，但主要还是要充分发挥教师的自觉性和积极性。教师的教育教学活动是以人格的独立为基础的，从一定意义上来说，教师慎独和人格的完善，是自我觉悟的提高和自我意识的调控，是教师主体的自主选择和情感体验。

教师慎独和人格的自我完善是一个长期的过程，不可能一蹴而就，我们必须要有长期修炼的思想准备，要有永无止境的追求，必须锲而不舍，持之以恒。教师慎独和人格的自我完善之所以是长期的，是由以下因素决定的：第一，慎独与人格的自我完善有一个从感性到理性的循序渐进的过程，不是一朝一夕就能实现的；第二，慎独与人格的自我完善有一个不断突破自我、超越自我的过程，需要脚踏实地，一步一个脚印；第三，慎独与人格的自我完善有一个认识、实践、再认识、再实践的过程，不可能一步到位；第四，慎独与人格的自我完善有一个不断适应社会发展、与时俱进的过程，需要不断调整和升华，不断赋予其新的内容；第五，慎独与人格的自我完善有一个从自然王国到必然王国的过程，需要日复一日、年复一年地深化。因此，教师慎独和人格的自我完善是一辈子的思想意识，在任何事情上都要严格要求自己，在长期的实践过程中实现数量和质量的提高、跨越。

毛泽东同志曾经指出："一个人做点好事并不难，难的是一辈子做好事，不做坏事。"教师慎独和人格自我完善的长期性，既是对学生个体长期性的影响，也是对教师个体长期性的要求。在社会生活中，我们经常看到这样一种有趣的现象：当一个人回忆起自己年轻时的学习和生活时，他往往对老师教给他的知识没有太多、太深刻的印象，而对老师的高尚品质和言谈举止仍然记忆犹新。由此可见，教师慎独和自我完善的人格，会直接影响学生的一生。

教师慎独与人格的自我完善是艰巨的。因为，第一，西方文化的负面影响。在东西方文化的交流、合作、融合的过程中，一些西方的思想文化对教师的世界观、人生观、价值观产生了负面影响。第二，互联网的负面效应和负面影响。随着计算机网络技术的普及和互联网的发展，大量健康的、有益的、进步的信息，为教师的学习和发展提供了极大的便利，然而，网络上也存在不少不良信息，尤其是反动、迷信、黄色等内容，对师德建设产生了相当的负面效应和影响。第三，市场体系不健全所产生的一些负面影响。在社会经济活动中，由于市场经济本身的逐利性和追求利益最大化的本质，使得一些人自觉或不自觉地将商品交换原则运用到自己的道德生活中，传统的世界观、人生观、价值观不断受到商品经济浪潮的冲击，导致个别教师心理失衡，个人主义、享乐主义、拜金主义以及奢侈的生活方式开始滋生，有些人把传授知识与金钱联系在一起，淡化了为人师表的神圣职责，淡化了全心全意为人民服务的观念意识。第四，考核激励机制不完善的影响。教师慎独与人格的自我完善，不仅需要外界公平、公正的评价，也需要外界应有的鼓励。然而，因为考核激励机制的不健全和不完善，一些甘愿付出、无私奉献的人，无法获得精神上和物质上应得的回报，这往往使其他人产生老实人吃亏的感觉。诚然，品德高尚的人不会担心自己的得失。然而，在这样的氛围和环境中，要保持慎独自律和人格的自我完善，确实需要非常艰巨的心理努力。第五，缺乏毅力、意志薄弱的影响。教师慎独和人格的自我完善的关键在于内因，这是教师自身的行为实践。有些人也许可以在一段时期内慎独自律，追求人格的自我完善；但在某些情况下，由于各种利益的驱使，个别缺乏毅力、缺乏坚定信念、意志薄弱的人往往会放弃心中的正直，利用甚至制造机会来满足自己的私心杂念。综上所述，各种影响使得教师的慎独和人格的自我完善变得异常艰巨。对此，教师要有清醒的认识，要对这种艰巨性做好充分的思想准备。

"我心有主"是教师慎独与人格自我完善的动力源泉，是自重、自省、自警、自励等自我意识的角色体现，是慎微、慎教、慎言等"从心所欲不逾矩"的行为实践。古代有一个去赶考的秀才，他走在路上又饥又渴，当经过一片果实熟透的桃树林时，他只是"望梅止渴"地看了一眼便继续赶路。旁人问他为什么不摘个桃子充饥解渴，秀才回答说："桃李无心，我心有主。"

"我心有主"表明了拒绝诱惑的原因所在。人民教师心中的"主"是千千万万个渴望成人、成才的学生，是党和国家的教育事业。因此，教师的慎独与人格的自我完善，不仅是自我意识的角色体现，也是"从心所欲不逾矩"的行为实践。教师自我意识的角色体现包括——

自重：所谓自重，就是要尊重自己的人格，重视自己的形象，珍惜自己的名誉。著名教育家陶行知先生说过："要人敬，必先自敬，重师必先师自重。"教师要珍惜自己的人格，尊重自己的人格。只有自重，才能赢得别人的尊重。在教师教育学生的诸多方式中，人格和道德品质的教育作用是其他任何手段都无法替代的。教师只有真正做到为人师表、教书育人，才能使学生"亲其师""敬其师"，从而"信其道"。所以，教师要自重，不要玷污了"人类灵魂工程师"的光荣称号，不要玷污了太阳底下最光辉的神圣职业。

自省：所谓自省，就是要经常自我反省，反省自己的行为，检点自己的作风，从而达到坚持真理、纠正错误的目的。自省体现了"以人为本"的教育理念，是学校师德建设的关键所在。曾子曰："吾日三省吾身：为人谋而不忠乎？与朋友交而不信乎？传不习乎？"这就要求教师要肯于自我解剖、自我反省和自我检查，不断反思自己在教育教学过程中的言行举止，不断修正人生的道路。"物必自腐，而后虫生"，如果能够自我反省，并且不断地完善自己的人格，那么，手中之"物"、身上之"物"、心上之"物"，就不会"腐烂"了，"虫"也就没有任何"生"的土壤。

自警：所谓自警，就是要时时刻刻警示自己，以党纪、国法来告诫自己，警钟长鸣。教师的自我警示不仅是教师自身的行为，它还关系到学生的教育和培养。自警的可贵之处在于不畏人知畏己知。如果你有很强的自我警示能力，就不会突破师德的底线，不会去做违背道德、法律的事情。只有时刻保持思想上和政治上的清醒，时刻牢记教书育人的神圣职责，才能经得起诱惑，保得住气节，才能不以物喜，不以己悲。

自励：所谓自励，就是要经常激励自己做一个有高尚人格的人，用高尚的人格精神激励自己。从德育学或伦理学的角度来看，只有当慎独自律真正成为一种内在尺度的时候，人们才会努力地去遵循和实践。

教师"从心所欲不逾矩"的慎独包括——

慎其"外"。这个"外"指课堂之外。一般而言，教师在课堂上的言行举止相对容易达到标准要求。然而，在课堂以外的时间里，在没有他人监督的情况下，一些人往往难以用高尚的师德来严格要求自己，难以做到其"慎"，有些人甚至还会做出有损教师形象的言行。同时，教师的工作相对独立，有很大的自我空间。从心理和生理的需求出发，教师或多或少地有自己的娱乐和社交活动。因此，教师要在课堂之外，在自己的"社交圈""朋友圈""娱乐圈"中表里如一，言行一致，明辨是非，坚持高尚的情操和信念，坚持人民教师的操守，树立人民教师的人格形象。

慎其"微"。慎微即防微杜渐。《韩非子》中的"千丈之堤，以蝼蚁之穴溃；百尺之室，以突隙之烟焚"，就是这个道理。清朝理学家张伯行曾说过："一丝一粒，我之名节；一厘一毫，民之脂膏；宽一分，民受赐不止一分；取一文，我为人不值一文。"学校无小事，事事是教育。教师无小节，处处是楷模。在学校里，一些老师认为无关紧要的东西，学生往往会认真地对待它。因此，教师的慎"微"，不仅要着眼于大局，还要从小事做起，"勿以善小而不为，勿以恶小而为之"。如果在生活上不拘"小节"，思想防线就会松懈，就会有意识或无意识地放纵自己，就会出现一念之差，甚至会一失足成千古恨。

慎其"教"。慎教是对学生、对民族、对社会的发展负责。由于教师的教育教学劳动具有知识性、长期性、专业性、艺术性、复杂性、创造性等特点，教师的慎教就不能生搬硬套，不能照本宣科，不能满堂灌，不能依葫芦画瓢，而是要遵循教育教学规律的要求，强调教育教学的方法和技巧。教师慎教，不仅是教会学生了解知识、掌握知识，更重要的是要教会学生发现问题和解决问题的能力。教师慎教，就是要因材施教、循序渐进、循循善诱、诲人不倦、举一反三、触类旁通、教学相长。教师慎教，就是要精益求精、严谨治学、严谨治教、有教无类，对学生一视同仁。教师慎教，就是要授业解惑，引导学生去思考、创新，激发学生的求知欲望，培养学生的创造性思维，调动学生学习的积极性，营造师生共同参与和互动的氛围，给学生解惑的"金钥匙"。俗话说，要给学生一碗水，自己要有一桶水。如今，教师的慎教已经不是自己有没有一桶水的问题，也不是自己要成为一眼活泉的问题，而是要帮助学生找到"水源"来解渴。

慎其"言"。慎言不是要求教师胆小怕事、明哲保身，而是不要信口开

○ 顺学而修，顺教而炼：优秀教师的人格力量 ●

河、言而无信。教师慎言，就是要对学生满怀爱心，言之有理，言之有情。教师慎言，就是要言而有信，不要失信于学生、家长和社会。即使是对学生进行批评教育，也不应伤害学生，不应讽刺、挖苦、嘲笑学生，更不能伤害学生的自尊心和人格。

第四章

教师人格修炼的三个方面

第一节　形象的修炼

一、仪表

仪表，一般指一个人的样貌、神态、性格、风度、审美观以及知识素养的外在表现，是精神世界美的体现。教师干净的外表、幽默的语言、优雅的气质、文明的动作、心胸宽广的性格，清晰整洁的板书以及温和善良的态度，不仅对学生的情感和行为有着潜移默化的影响，而且影响着学生的心灵，使学生"亲其师，信其道"，有利于营造和谐友好的师生关系，促进学生身心健康发展，成功完成教学任务。一位教师的仪表端庄、教态优美，那么其培养的学生也必然懂文明、讲礼貌。

人们在进行职业招聘时常常要进行面试，而学校在招聘教师时，面试更是其中最重要的一环，原因不言而喻。教师是一种神圣的职业，他们面对的是一张张生气蓬勃的面孔，是祖国的未来，站在讲台上的教师，无时无刻不在展示着他们的美，教师的基本形象，决定着他们能否走上杏坛。

人人都追求美，美有外在美和内在美之分。当学生在面对一位陌生的教师时，他往往会从教师的外表开始观察。当教师和学生第一次见面时，教师给学生留下的第一印象非常重要，这种现象被称为"首因效应"。曾经有学者提出，两个人初次交流的 4 分钟，决定着彼此是否能成为朋友。教师一走进教室，就会立刻成为学生关注的中心。教师干净整洁的衣着、优雅的举止、热情的态度，容易获得学生的好感，使学生愿意与教师进行交流，并对学生产生一种初始魅力。

教师如果想给学生留下一个美好的印象，赢得学生的亲近和喜欢，就必须注重自己的仪表和言行举止。南开大学设有一面大镜子，镜子上方镌刻着一段"镜箴"：面必净，发必理，衣必整，纽必结，头容正，肩容平，胸容宽，背容直；气象勿傲勿暴勿怠，颜色宜和宜静宜庄。

教师的服饰在第一印象中起着重要作用。很长一段时间以来，说起教师，大家往往会把"生活艰苦""衣着朴素"这些词语跟教师联系起来，人们总是能够在人群中一眼就看出谁是教师。随着时间推移，"衣着朴素"逐渐被解读成了"不修边幅"。在 20 世纪八九十年代，大部分学校对教师都有严格的要求，比如，不准烫发，不准化妆，不准穿牛仔裤，不准戴项链等。时移俗易，现在谁会因为教师涂了口红或是穿着牛仔裤而感到大惊小怪呢？由此可见，人们的思想观念会随着时间的变化而进行转变。

教师的穿着要干净整洁、大方得体，不仅要展现出自己的魅力和职业特点，还要拥有亲和力。世界在发展，社会在进步，思想在更新。每个人都拥有一颗爱美的心，教师的衣着服饰也可以并应该与时俱进。穿着不是简单的选择穿什么样的衣服，它也是一门学问，可以对学生产生美的教育。教师要注重自己的穿着，展现出时代美和职业美，不能穿着随便、邋里邋遢。

在社会生活中，一个人的仪表端正得体，那么看起来往往更可信，更具有吸引力；同样，教师的仪表不论是蓬头垢面，还是仪表堂堂，都会对学生产生一定的影响。例如，班级里的学生对不同的任课教师有着不同的态度。对于一些教师，学生愿意接受他们的教育，而对另外的教师则有抵触情绪。教师仪表就可能是造成这种现象的原因之一。仪表好的教师往往更能得到学生的信任，因此，当他们给学生讲课时，学生能聚精会神、积极主动地接受其教育。反之，对于仪表形象差的教师，学生会认为他的话不值得听、更不值得信。教师一旦失去威信，教育效果就会大大降低。而且，一般来说，对于仪表得体的教师，学生更愿意与其沟通和交流，教师更容易获得学生的信任，从而与学生建立纯真的友谊，拉近彼此之间的距离，促进师生之间情感上的交流。

仪表虽然是一个人的外在表现，但它同时也是一个人精神世界美的体现，教师干净整洁的外表、端正庄重的举止，所体现的不仅是对自己和对学生的尊重，还展示着教师独特的人格魅力，它对学生的教育和成长有着非同一般的影响。当然，21世纪教师们的着装不应该是传统的朴素、古板，它被赋予了时代的内涵，时尚的穿着可以拉近师生的距离，增加教师的亲和力。教师需要个性，穿着是个性的一个方面，虽然教师无须统一服装，但个性不等于前卫和另类，这与教师的职业特点是不相容的，因此，教师的仪表应当端庄得体。

二、语言

教师的语言是影响课堂教学效率的重要因素之一，它不是蜜，却可以粘住一切。语言技巧高超的教师，其人格魅力也往往强大。很少有哪个职业会像教师一样，一生都在讲话。有人曾计算过，一位教师一节课所讲的话相当于普通人一周讲的话。

从语言的角度来讲，语言不单单是人们沟通的方式，它还是一门技巧和艺术。教师想要掌握这门技巧和艺术，诀窍在于讲话时要充满激情。一个人的语言，表达的是他心里的声音，倘若教师把自己对学生的关心和对教学的热情与语言融合在一起，那么，教师的声音听起来一定是饱含感情的，一定具有强大的感染力和吸引力，从而产生号召力。

教师讲课时的语言技巧应做到：咬字清晰，语言幽默，说话条理性强，逻辑明确。言为心声，作为一名教师，语言规范、清晰、文明是必须具备的师德。教师言出必行、讲话有尺度、内容具体充实、言辞诙谐幽默，不仅体现了教师的才华横溢、学识渊博，还展现了教师的风度和魅力。

【案例分析】

片段一：

师：同学们，我们曾经一起欣赏过美丽的西湖、秀丽的峨眉山、雄伟的长城和滔滔的长江。今天，我们再一次结伴到北大荒去。你们说，好吗？

生：好。

师：去之前有哪位同学可以先介绍一下北大荒吗？

生1：北大荒位于我国的东北，曾经是个荒凉的地方，现在是个很大的"粮仓"。

师：你懂得可真多，今天你也当了一次我的老师，谢谢你。

师：你能在地图上找到北大荒吗？（课件出现中国地图）

生1：能。（点击课件，找出北大荒）

师：啊，你真棒，一下子就找到了。老师还想问一问，北大荒里都有些什么呢？

生1：有草塘。

师：可爱吗？

生1：可爱。

师：让我们一起来读一读这篇《可爱的草塘》吧。

生：可爱的草塘……（齐读）

片段二：

师：同学们，你们现在看到的小河与平常见过的小河有什么不一样的地方呢？你们先读一读，然后和同伴们或者老师说一说。

（生自由读并与小伙伴讨论）

师：好，现在有哪位同学可以说一说它的不同吗？

生1：这条小河特别清，比平常见的小河要清。

师：你从哪里看出来它特别的清呢？

生1：从"清凌凌"这个词。

师：清凌凌，对，你说得很好。但是，可不可以给它换个词。比如，换成"清凉"的小河或者"清清"的小河。读一读，你有什么感受呢？和"清凌凌"比，有什么不同呢？

生1："清凉"是一种凉凉的感觉。"清凌凌"是清澈见底的，是形容河水清的。只有这样，白云和天空才能倒映在清凌凌的河水里，所以我觉得还是用"清凌凌"好。

师：你说得非常棒，可真是个语言大师。"清清"呢？老师觉得用"清清"也许更好。你认为呢？

生1：我觉得还是用"清凌凌"更好。因为"清凌凌的河水"给人一种波光粼粼的感觉，读起来更生动，显得小河更美，而且读起来更顺口一点。而"清清"就没有这样的感觉了。

师：你说得可真好，都把老师给说服了。老师现在的想法也和你们一样了，还是觉得用"清凌凌"这个词更好。

师：现在谁能把"清凌凌"的感觉读出来呢？

（生齐读句子）

师：老师现在没有清凌凌的感觉呢。你们在脑海里想象着清澈的河水，再读一遍，好吗？再试试。

（生再读句子）

师：这次你们读得可真棒！老师看见你们读书一次比一次读得好，心里可开心了。现在老师好像看见了一条清凌凌的小河就在眼前。

【感悟】

随着时代的发展，人们似乎更多地在关注着一些新的东西，如课堂教学方式的灵活性、多样性，信息技术在现代教育中的运用，合作性、研究性学习形式在课堂上的运用等。但是，在一定程度上，我们的教师似乎忽略了最基本、最传统的一项素质：教师的语言运用能力。在看完上述片段之后，我们可以发现，要想成为一个优秀的教师，必须具备良好的语言能力，并且在语言的运用当中渗透新课程改革的理念。这是非常不简单的，而上述片段中教师对《可爱的草塘》这篇课文就讲得很好。授课的教师可以说是一位出色的语言家，并且还有比较先进的教育观念来支撑着她的语言，从而使她的语言既吸引人又实用。总的说来，教师的语言应具备以下几个特点。

语言亲和有力、清晰准确，可以引起学生的共鸣，增进师生之间的感情，营造宽松、温馨的课堂氛围，建立和谐、平等的师生关系。教师讲话时，发音要准确，吐字要清晰，态度要亲切和蔼，不能咄咄逼人、傲视学生。教育改革一直提倡平等的师生关系，平等的师生关系如何建立？其中，亲切而温柔的语言就是一个很好的途径。

语言饱含真挚的感情，富有哲理，充满诗意，具有强烈的感染力，可以深深吸引学生，并且让学生受到美的熏陶。有人说，语文的世界里充满了诗意，而语文教学则是一种艺术的表达，这是语文教学的人文性表现。教师在课堂上如何把人文性与语文教学互相结合，让学生感受美、欣赏美，提高学生的审美情趣，塑造学生美的心灵，需要教师不断地思考和努力，而教师的语言往往在这方面起着非常重要的作用。教学语言不是只靠诗意就能吸引学生的，没有感情的语言即使再美、再富有诗意，也吸引不了学生，教师还必须要"情动于衷"，方可感人，这需要教师从心里热爱学生、热爱教育事业。

教师与学生之间平等地沟通、交流，可以拉近彼此的距离，提高教学质量。教师的赞美和鼓励可以唤醒和增强学生的自信心，使学生敢于面对困难。教师在课堂教学中，语言技巧的运用非常重要，教师的语言贯穿了整个教学过程，是与学生沟通交流最有效的载体。如果教师想要掌控课堂气氛，激发学生的自主性和积极性，就必须发挥独特的语言魅力，而适时运用赞美和鼓励性语言，可能达到出其不意的效果。因此，我们应提倡在课堂教学中运用鼓励性和赞美性的语言。

（一）运用要及时得体

教师在课堂上的大部分时间都在和学生们交流，可能教师随意的一句话，都会对学生产生重大的影响。所以，教师面对学生所讲的每一句话，都要公正、平等，看待学生要用发展的眼光。比如，当学生朗读完一段课文时，教师可以用和蔼可亲的话语赞美学生："读得真好啊！连我也被感动了。"当学生写完一篇短文时，教师可以不失时机地加以鼓励："坚持写下去，成功等着你。"当学生正确回答问题时，教师可以鼓励学生："你真是个聪明的孩子，这都难不倒你。"听到教师的赞美和鼓励，学生心中会自然而然地产生成就感，自信心会得到增强，学习也会积极主动。

（二）选择要恰当实用

每个学生都有不同的性格和特点，教师在运用赞美性和鼓励性语言时应注意实用性。比如，面对害羞内向的学生时，教师可以这样说："鼓起勇气，把声音放大一点儿，没有什么好害怕的。"当学生遇到困难害怕学习时，教师可以这样说："有困难可以找老师帮忙，困难只是我们成长路上的踏脚石，一定要相信自己可以战胜它！"当学生考试没有发挥好时，教师可以这样说："一次失败并不代表什么，不要灰心，不要放弃，只要努力坚持，你一定可以取得好成绩。"教师如春风般的话语会感染每个学生，教会学生直面挫折，而学生也因此对教师更加信服。

（三）评价要率直公允

教师在与学生交流沟通时，赞美性和鼓励性的语言要公平、公正，不能夸大或偏颇。比如，当学生在课堂上面对问题答不出来时，教师可以这样说："不要着急，慢慢想一想，这道题的关键在哪里呢？"当学生的成绩比上次考得好时，教师可以这样说："你的努力终于有了回报，老师相信你下次一定会考得更棒！"教师把鼓励性语言融于教育教学活动中，可以提高教师的威信，增强学生的自信，有利于学生的成长。因此，使用鼓励性赞美性语言，是教师人性化魅力的体现，也是让"讽刺""挖苦""盛气凌人"甚至"侮辱谩骂"式的语言离开学生和课堂的有效方式。想要激发学生的内在动力，培养学生的道德品质，赞美性和鼓励性语言的作用也逐渐被人们重视起来，这是随着时代的发展提出的要求，也是教师人格魅力之所在。没有学生不想得到教师的认可、赞美和鼓励，不少事实表明，教师一句赞美、鼓励的话语就有可能改变一个学生的一生，赞美和鼓励，有利于学生的成长和发展，可以起到激励的作用。人们一般把这种赞美和鼓励称为发展性评价。因为它对学生造成的影响不是一时的，而是会伴随着学生的成长进入到他们以后的时光中，甚至影响他们一生。在上面的案例中，那位语文教师总是时不时地向她的学生传达着一些鼓励性的话语，比如"你懂得可真多，今天你也当了一次我的老师""你说得非常棒，可真是个语言大师"。即使当学生表现较差、没有读好句子时，教师也依旧安慰和鼓励他们，让他们鼓起勇气再读一次，成功之后也不忘记对学生进行赞美和鼓励。教学实践证明，这种赞美性鼓励性的话语即发展性的评价，不仅可以激发学生的潜能，还能够获得学生的信任和爱戴。

当教师与学生交流沟通时，平等对话是必不可少的。平等对话不取决于说话声音的高低，也不取决于是否温柔，更多地在于教师是否从心里尊重学生，是否因为自身是教师就将自己的意志强加给学生。我们现在提倡学生思维的自主性和学习的自主性，在教学时，教师应该给学生更多的思维空间，真正地尊重学生，让学生有自己的思想。因此，这就需要师生之间平等对话。因而，教师想要表达自己的思想，只能依靠语言沟通。如案例中教师的表达："可不可以……""你有什么感受呢？""你认为呢？"学生与老师既是师生又是朋友。只有进行平等的对话，才能听到不同的声音，学生的思想才能更加开放，才会有新的见解，才会有个性的发展和个性的张扬。

从上述的案例中，我们可以看出，教师在课堂上的教学语言有利于促进学生自主学习、良好发展，提高课堂效率，推进教学改革。因此，提高教师课堂语言表达技巧很有必要，这是不可忽视的。

三、举止

很久以来，当人们形容教师时，往往最先想到的就是"为人师表"这个词语。为人师表要求教师在生活习惯、知识素养、思想道德等方面，规范自身行为，用行动做出榜样，成为学生的典范和楷模。学生往往对教师有着一定的期待。在学校里，教师是他们关注的中心，教师的行为在学生的眼里会产生"放大效应"：如果教师做了一件微不足道的好事，学生会感到无比开心；如果教师的形象有了瑕疵，则会让学生感到无比失望。教师在学生面前的一言一行都无比重要。

乌申斯基说："教师的人格，就是教育工作的一切。"教师对学生的这种影响是"任何教科书、任何道德箴言、任何惩罚和奖励制度都不能代替的一种教育力量"。教师是一种典范性和榜样性极强的职业，职业道德要求教师要做到为人师表、以身立教，只有时刻用自己的行动做出榜样，才能培养出具有优秀品质和人格的学生。

捷克教育家扬·阿姆斯·夸美纽斯（John Amos Comenius，1592—1670）说："教师的职务是用自己的榜样教育学生。"教师的人格犹如一面镜子，通过"镜子"的言传身教，学生能够深刻意识到美与丑，善与恶，高尚与卑劣，可为与不可为。教师以身立教，用实践行动来证明课堂上的教导，这不仅能够感染学生，而且可以促进培育学生人格中由认知到实践的转变。

教师在课堂上，每天都要面对班级里的学生，怎样做才能最具有魅力呢？维克多·雨果说："笑就是阳光，它能消除人们脸上的冬色。"阳光灿烂、笑容洋溢的教师往往更受学生的欢迎，他们能够卸下学生心里对教师的防线，赢得学生们的友情。可见，笑的能量是强大的。但也有人会觉得，总是面带微笑有损教师的威严。诚然，教师对待学生应该严格要求，但是这并不代表教师就要成天板着脸、凶神恶煞、不近人情。教师不仅要会笑，还要学会把握笑的尺度。在课堂上，教师要经常保持微笑，让学生感受教师的关怀和鼓励，不仅可以缩短师生间的心理距离，而且可以活跃学生的思维，为学生创设融洽温馨的学习环境。因此，教师在面对学生的时候，不要居高临下，装出一本正经的样子，对学生"以势压人"。教师真诚平等的态度，自然大方的举止，端正的仪表，高超的教学技巧，无时无刻不在感染着学生。正人先正己，从现在开始做一个乐观开朗、笑对生活的教师，学生也会在你潜移默化的影响下，积极向上，学会关爱、体谅他人。

教育要从小事做起。上课了，今天的值日生忘记了擦黑板，教师没有埋怨学生，而是轻轻地拿起黑板擦，动手把黑板擦得干干净净，接着对下面的学生笑着说道："值日生下次不要忘了擦黑板。"接着，认真地给同学们讲起了课；教师轻轻地走在教室里，忽然旁边一位学生的书本掉了，教师连忙弯腰帮他捡起来；深夜里，教师的办公室里还亮着灯，她还在给学生们细致地批改着作业，作业本上连一个标点符号错了都不会放过；教师在课堂上给同学们讲着课，她的脸色看起来有点儿苍白，并且还时不时地咳嗽几下，她生病了，但还是坚持给学生们上课……在这一件件的小事里，在教师一次次的帮助下，学生们的心灵逐渐被净化和感动，而不是靠空洞的说教和枯燥的理论。苏霍姆林斯基曾说："人只能由人来建树，我们工作的对象是正在形成中的个性最细腻的精神生活领域，即智慧、感情、意志、信念、自我意识，这些领域也只能用同样的东西即智慧、感情、意志、信念、自我意识去施加影响。"由此可见，只靠言传是不行的，教师还要做到身教，想要为学生树立榜样，就必须努力提高人格水平。

　　教师在教学中应具备良好的教态，即风范和姿态，主要包括教师的表情、手势、身姿等。上课时，学生的眼中只有教师，教师讲话声音的大小、动作的幅度、表情的变化等都会直接对学生的情绪及其学习效率造成影响。所以，教师在课堂上应注重教态美，自然大方而不矫饰，安稳沉着而不呆板，风趣优雅而不滑稽，文雅安静而不高傲。教态美的培养并不是一朝一夕可以练就的，需要教师在日复一日的教学中，结合自己的特点去慢慢加以培养。教态反映的不仅仅是教师的外在表现和教学状态，它还是一种体态语言，对学生的教学起着至关重要的作用。体态语言，即通过一些表情、手势及相应的动作与学生进行情感交流。有研究表明，当一个人表露自身的情感和态度时，他的体态语言往往比直接所言说的话语更准确。有心理学家指出，人的感情表达有一半借助于面部表情，言辞的作用只占了7%。眼睛是人面部表情中最重要的部分。听一个人讲话，可以通过他的眼神去判断其善恶真伪，眼睛是一个人内心世界的窗户。教师在面对学生时，要善于运用目光交流，与学生交流沟通时，要看着对方的眼睛。有些教师讲课时总是沉浸在自己的世界里，只顾着讲自己的，完全不管学生听懂了没；还有些教师在与学生交流时经常东张西望，一点儿也不尊重学生。这些行为显然是错误的。教师与学生的目光交流，是尊重和关爱学生的最直接表现。

教师的手势动作一般分为两种——无意识的和有意识的。教师在讲课时不自觉地挠头、玩粉笔、摸鼻子等，这些都是无意识的手势。这些手势和动作容易吸引学生的注意力，降低教学效率。教师在课堂上应注意，尽量少做或不做无意识的手势和动作。有意识的手势又分为指示性手势、描绘性手势和启发性手势等。指示性手势在教学中经常出现，比如，教师讲课时用手指示黑板上的字等，它可以迅速地吸引学生的注意力，有助于学生专心听讲。描绘性手势是指教师描绘某些物体的形状或空间关系时，用手所比画的动作等。启发性手势是教师调动课堂气氛，展现自身教学魅力的一种手势，比如，教师在讲到关键的地方时挥舞自己的手臂、举起自己的双手等。

身姿，即教师的身体状态。一般分为立姿、坐姿和走姿。教师在课堂上应注意自己的身体状态，不要用手撑腰，不要时不时地抖腿，不要趴在桌子上，不要把手放进口袋里，不要在教室里抽烟等。马卡连柯明确指出，行为美是更高程度文明的标志。他关于父母以身作则在培养儿童少年良好举止方面所起作用的论述意味深长："你们在生活中每时每刻都在教育他（孩子），甚至当你们不在家的时候，也是如此。你们怎样穿着打扮，怎样同其他人谈话，如何议论别人，怎样对待朋友和敌人，怎样笑，如何看报——所有这些，无不对孩子具有重大意义。孩子能察觉语气和脸色最细微的变化，通过各种无形的途径了解你们思想情绪的变化。"人道主义、人类尊严、对周围人们的关心，同时也表现为对自己举止风度的美的在意——这就是衡量行为美的标准。

总的来说，教师应该是充满生命力和时代活力的。一个仪表美、心灵美、风度美、品德美、精神美的教师，必然会得到学生的尊敬和爱戴，在教师的感染下，会产生强大的凝聚力。当一位教师站在讲台上，站在学生们的面前，他就成了审美的客体，教师通过自身优雅得体的着装、风趣幽默的谈吐、落落大方的举止，对学生的人格进行培养，实现外在美和内在美的和谐统一，是教师完成教育教学工作的需要，是教师塑造自我形象的理想目标。

第二节　内在的修炼

一、学识

　　长期以来，人们把教学的知识分成了两类——"普遍的知识"和"实用的知识"。"普遍的知识"是指那些人类关于自身和外部世界包括宇宙、自然之各种现象与内在规律的基础理论知识。这些知识看似产生不了实际的利益，没有特别高的实用价值，但有利于促进人性的完善，对人类文明的发展至关重要。"实用的知识"即广义的技术，重点在于实用性上，它可以让人们收获看得见、摸得着的利益，与社会的需求和发展紧密相连。对于人类来说，两种知识都必不可少。对于学生而言，吸引他们的、能够对他们产生终身魅力的，往往是"普遍的知识"——一种人文科学知识的文化底蕴。身为教师，如果文化底蕴薄弱，不能为学生解惑，怎么能称得上是合格的教师呢？

　　大量的研究和事例表明，墨守成规、固执守旧的教师不受学生的欢迎，而博学多才、见多识广、兴趣广泛的教师则容易受到学生的欢迎。学识广博、具有多种才能和本领的教师，因其自身人格的丰富性，不仅有利于教育事业的发展，提高教师的教学能力；而且，还会对学生产生一种吸引力。教师的一举一动都会成为学生的榜样，无时无刻不对学生产生潜移默化的影响。

身为一名教师，要为学生们"传道、受业、解惑"，就必须拥有广博的学识。而想要成为一名优秀的教师，在知识结构上需要掌握四个方面：第一是精深的专业学科知识，第二是广博的文化科学知识，第三是全面的教育理论知识，第四是准确的心理科学知识。这就要求教师要"知得深""知得广"。"知得深"即造诣精深，对自己所教学科要有着深刻的理解，不仅要明白各种理论知识，还要知道为什么，了解事物的本质；"知得广"即学识渊博，与本学科有关的知识教师更要有所了解，做到触类旁通。对于新时代的教师，这一点非常重要。

在《给教师的一百条建议》中，苏霍姆林斯基讲述了这样一个故事。

一位拥有几十年教学经验的老教师上了一节公开课，所有听课的教师都听得十分认真，如同学生一般被老教师的教学所吸引。课后，大家纷纷询问老教师："这堂课你讲得这么精彩，一定花了很久的时间来准备吧？"老教师微微笑了笑，说："这堂课的课题我只准备了15分钟；但为了这堂课，我准备了一生。每堂课都是如此。"

老教师为一堂课准备了一生。这种准备指的是什么呢？苏霍姆林斯基在书中指出，这就是阅读，就是终生与书籍为友。如果教师想让自己的课堂变得丰富多彩，就必须广泛地阅读，不断地吸收，使自身成为一汪活水，永不枯竭。《中国教育报》曾经针对全国不同地区的中小学教师进行抽样调查，结果显示：在教师经常阅读的书籍中，教学参考书占据的比例排名第一，远远超过了文学类、历史类、故事类、科普类以及教育类等书籍。不仅如此，现在教师读书时间少甚至不读书的现象也较为普遍，尤其是那些与教育有关的理论性书籍，教师除了在进修或培训以外，基本不会翻阅这些书籍。有学者研究指出，教师如果长期只依靠教学参考书来进行课堂教学，而不进行广泛、深入、持续的阅读；那么，其教学能力和教学素质必然得不到任何提高，教学能力甚至会下降。然而，在实际生活中，教师往往离不开教学参考书。在社会和学校的各种压力下，为了提高升学率、完成各种教学指标，教师忙着研究考试大纲，忙着参加各种会议，忙着批改学生的作业，等等。从小学到大学的教育教学过程逐渐演变成了一条"流水线"，而教师则成了"流水线"上的员工，一切的目的只是为了完成升学指标，忽视了对学生素质和学习能力的培养。

教师想要充分展现自己的教学魅力，首先必须具备符合自己个性特点、知识水平、审美情趣的教学风格。设计什么样的教学方案，选择什么样的教学方法，如何处理教学内容，如何组织教学过程，运用何种教学语言，等等，这一切都需要教师认真考虑、仔细斟酌。在教育教学过程中，教师要敢于创新，优化教育思想，把自己的情感和意志与知识教学有机地结合起来，让学生在教学中获得美的享受和美的熏陶。"读书少，少读书，不读书"，教师将会慢慢变成教学的"工具人"，其教学魅力和人格魅力也将丧失殆尽。

二、教师威信

教师的威信是影响教学效率和学生成长的重要因素，对推动教学工作的发展不可或缺。从本质上来看，教师的威信是师生之间具有积极肯定意义的人际关系的反映，对教育教学产生着重大的作用。所以，形成和维护好自身的威信，不仅是建立和谐师生关系的前提，也是做好教育工作的基础条件。

1. 含义

马卡连柯曾经指出："威信本身的意义，在于它不要求任何证明，在于它是一种不可怀疑的长者资望及其力量与品质。可以说，这种资望、力量与品质，连单纯的儿童的眼里也是明白的。"威严和威望不同于威信。这里的威信是指教师在精神上的影响力，使学生感到自尊和坚定的信念，是教师对学生的个人行为和心理状态所产生的一种崇高的影响力，它是师生之间积极的、不容置疑的人际关系的主要表现。三者之间的这种差异，使威信在教师的课堂教学中的作用超过了威严和威望。教师的威信是学生接受文化教育的前提条件和必要条件，也是影响学生的关键要素。德国教育家约翰·弗里德里希·赫尔巴特（Johann Friedrich Herbart，1776—1841）说："绝对必要的是教师要有极高的威信，除了这种威信外，学生不会再重视任何其他的意见。"

有威信的教师上课的时候，学生在课堂上会专心致志，一丝不苟，对教师所讲的话也会十分信任、依从；反过来，当一个没有威信的教师在课堂上时，学生的注意力就难以集中在教师身上，对教师所讲的内容往往是"左耳朵进，右耳朵出"。教师的威信与威严是两个不同的定义。威信让人亲近，威严让人回避。让学生感到威胁的教师，不一定是有威信的教师。教师只有公平公正地对待学生，尊重学生的人格，体会、关心、爱护学生，才能成为学生心中的榜样和楷模，真正成为有威信的教师。有威信的教师对学生的影响非常大，因为：（1）教师的需求很容易转化为学生的需求，这提高了学生了解和营造自身高素质的自觉性。（2）学生坚信教师所教授的和引导有关内容的真实性和准确性，从而产生掌握专业知识和遵从实践引导的主动性。（3）教师的赞美或责备可以激起学生相应的情感体验。有威信教师与没有充足威信教师的赞美或责备，给学生造成的感受有非常大的不同。有威信的教师的表扬可以激发学生的快乐和荣誉感，使他们渴望更好地学习。与没有威信的教师对学生进行严重的处罚相比，有威信的教师对学生进行轻微的责备也能激发学生重大的情感体验，并使学生深刻感受到纠正自身缺陷和问题的必要性。（4）有威信的教师是学生学习和训练的楷模，他们的示范可以发挥极大的文化和教育效应。一旦教师成为学生的楷模，学生就有意愿在任何地方效仿教师。可以看出，有威信的教师的文化和教育力量是建立在学生对教师的爱和理解之上的。因此，教师的榜样越健全、越崇高，学生就越有可能仿效。

2. 形成

威信的产生是由主观性因素和客观性因素共同决定的。党和政府对教师的高度重视和关怀，社会对教师工作的崇敬，教师名誉和工资待遇的提升，学生和家长对教师的看法和立场，是影响教师威信产生的客观社会因素。教师的主观性因素对自身威信的建立更是具有决定性的作用。为此，要注意以下几点：

（1）教师首先应具有过硬的专业知识、精湛的教育技巧、完美的教学艺术和杰出的思想品德修养。实践表明，教师的年龄、性别和专业知识等对教师和学生的关系没有直接和明显的影响，而教师的能力、品德、教育方法则可以视为威信产生的关键因素。

（2）与学生维持长期的、紧密的联系，对建立教师威信具有重要意义。教师的威信是在与学生的长期交流中慢慢建立起来的。反过来，如果教师故意与学生保持距离、不了解学生，学生就无法理解和接近教师，教师的威信就无从说起。

（3）教师完美的形象、良好的生活习惯有助于他们树立威信。教师的形象在较高水平上展现了教师的精神面貌，完美的形象本质上是外表美与心灵美的和谐统一。教师庄重、质朴、干净、整洁、自然的形象，能给学生一种丰富多彩、稳重、宁静、积极的感觉。不注重仪容仪表、着装随意等，不利于教师形象和威信的建立。

（4）教师给学生的第一印象也与教师威信的建立有关。第一印象非常重要。当教师和学生第一次见面时，特别是在前几节课上，他们会给学生留下难忘的印象，从而产生首因效应。通常情况下，学生对新教师充满好奇、希望和新鲜感，对教师的衣着和个人行为会给予较高的关注，从而产生了总体印象和相应的心理状态。这将会成为影响教师威信的重要心理条件。如果一名教师在开始时就表现出热情、耐心、冷静、聪明等特点，从而得到学生的认可并留下良好的第一印象，他将基本上建立起自己的威信；相反，在与学生接触时，教师紧张害怕、条理不清、精神不集中和过于随意，这会使学生的希望落空，感到沮丧，影响教师威信的建立。实践证明，在大多数情况下，修复失去的威信要比获得威信困难得多。因此，每位教师都必须注意给学生留下一个良好的第一印象。

（5）教师对自己要严格要求，要善于自我反省、自我批评。如果教师要建立自己的威信，就必须严格管理自己，增强自身表率意识，注意自己的一举一动，充分考虑自身言行对学生的影响；否则，就可能因为大意而导致自己建立的威信完全丧失。当然，每个人都可能犯错误，包括教师；然而，作为教师，应该有高度的自我反省意识和自我批评精神，并立即解决工作中出现的问题，力争避免错误，及时弥补不足。

3.教师威信的维护和发展

威信具有相应的稳定性。这也意味着，威信一旦树立，就会有一定的稳定性。这种稳定性是相对的，不是一成不变的。由于教师威信产生的主客观因素始终处于变化之中，只要某些条件引起关键性变化，就会产生相应的后果。因此，在教师威信树立后，维护和发展教师的威信也非常重要。为了更好地维护和发展教师的威信，教师应努力做好以下几个方面的工作：提升自己所获得的威信，提高威信在教学中的影响力，把低水准的、不全面的威信发展为高水准的、全面的威信，避免自身威信的下降和丧失等。想要拥有高水准的、全面的威信，对于教师是一种困难和挑战。一些教师的课堂教学水平很高，但在日常生活中存在缺陷，这可能导致他们缺乏威信；有些教师在道德修养方面受到学生的重视，但由于专业知识薄弱，也可能被学生忽视。只有德才兼备的教师才能建立和拥有高水准的、全面的威信。同样，为了维护和发展教师的威信，教师自身必须具备以下主要特征：

（1）胸襟开阔，脚踏实地，从实际出发。有威信的教师并不意味着没有问题，没有错误，没有缺点。人无完人，每个教师都或多或少有着这样或那样的问题；重要的是，他们是否有宽广的胸襟，是否敢于发现并纠正自己的缺点。教师有勇气当着学生的面坦承自己的缺点和错误，这不但不会降低他们的威信，反而会提高教师在学生心目中的威信。

（2）正确理解和有效运用自己的威信。想要建立和提高威信，教师首先要做到正确认识自己的威信，分清楚威严和威信的区别。只有这样，教师才能正确维护自己的威信；否则，教师就可能会为了维护自己的威信而不恰当地运用威信，伤害学生的自尊，损害学生的主动性和对教师的亲近感，从而削弱学生对教师的信任和尊重，最终导致教师威信的降低。

（3）有进取心和责任心。教师的工作职责要求他们必须跟上社会发展和教学目标的变化，提高自己的专业知识水平，提高自己的科学文化素养，以满足学生不断发展的需要，并助其取得成功。教师富有进取心和责任感可以引起学生的敬佩，提高教师在学生心目中的威信和地位。

（4）言行一致，以身作则。师者，为人表也。教师向未成年人传授科学文化知识、先进思想和道德规范，他们不仅要组织、控制、评价学生的学习，还要塑造、实践和培养学生的道德情操。因此，一般来说，在学生眼中，教师是具有丰富专业知识的人，是讲文明、懂礼貌、守纪律、有道德的楷模。如果教师的言行举止与学生心目中的教师形象不相符，其在学生中的威信就会降低；相反，如果与学生心目中所期望的教师形象一致，其榜样作用和感染力就能得到更充分的发挥和更有效的实现。

三、师爱

师爱，简而言之就是教师对学生的爱，它包括对所有学生（不分相貌、性别、个性，不分好生、差生）的关爱、理解、尊重和期待，针对的是每个人。师爱是教师魅力的源泉，是教育的必要条件，是教育的灵魂，是一种高尚的道德情操。教育没有爱，犹如池塘没有水；没有爱，就没有教育。伟大的师爱对学生的影响是终生的。

师爱是一种教师职业道德修养，教师无私的奉献和对学生的爱是任何学府或任何书籍中都学不到的。具备这种职业修养的教师，将自己的学生都视为一个个"正在成长的生命"；因此，他们能够感受到责任的巨大和使命的荣耀，他们相信每个学生都能成为一个有用的人，善于跟学生交朋友，从而关注学生的喜怒哀乐，了解学生的心灵，与学生进行平等的交流和沟通，成为学生最可靠的好朋友和引路人。教师对学生的爱不能起于心而止于口，应该让学生感受到教师的爱。教师要善于运用自己的教育智慧，让学生真正感受到教师的爱，学生自然会将这种爱反馈回去，从而产生爱的双向交流。在这种"动情效应"中，学生会积极与教师合作，会不由自主地向教师透露自己的想法和内心的秘密。"水激则石鸣，人激则志宏。"相信在这种情况下，许多的教育问题都会得到解决。那么，如何才能更好地体现教师的师爱呢？

第一，教师应该信任和重视学生。学生是教师提供服务的对象，是学校的主体，如果教师不信任和重视学生，便将失去其赖以生存的基础。只有将学生视为平等、独立的人，才会在他们心中激发爱的情感；只有相信每一个学生都能成为有用的人才，师爱的阳光才能照亮每一个学生。著名思想家拉尔夫·沃尔多·爱默生说："教育成功的秘诀在于尊重学生。"尊重学生，意味着教师应该学会"蹲下身子"看学生，欣赏学生的"不成熟状态"。在当代教育中，童年很重要，个人也很重要，童年生活与成人生活具有相同的价值。教师在教学活动中，要注意不可以扼杀学生的稚气和单纯，更不可泯灭他们的童心。放任学生的自由和天性，所达到的教育效果比一本正经地限制和约束要强百倍。即使学生们有时候犯了错误，也不能在公共场合责骂或讽刺他们。要让他们觉得自己是值得信赖的人；

这样，他们在思考问题和做事情时会更加认真、慎重，以维护自己在教师心目中的评价。

第二，教师应该多方面了解和关心学生，因为这是师爱最直接的主要表现。俗话说："浇花要浇根，教人要教心。"想要做到"教心"，教师就必须深入细致地了解学生，从性格爱好、个人兴趣、家庭情况到学习基础和身体状态，进而关心他们的学习和生活。当学生遇到困难或失败时，教师应该给予热情的帮助和鼓励，决不冷眼旁观或指责学生。古语云："施在我有余之惠，则可以广德。留在人不尽之情，则可以重交。"对学生也是如此，在学生最需要的时候帮助他们，给予他们关爱，可使之终身受益。一家报刊的调查结果表明，31.1% 的学生喜欢学识渊博的教师，52.8% 的学生希望教师温柔、和蔼可亲、善良。由此，我们可以得出这样的结论：师爱的魅力甚至超过了他们知识的魅力。当然，教师的爱不是没有原则的溺爱，师爱离不开教师对学生的严格要求。

马卡连柯说过："我们的基本原则永远是尽量多地要求一个人，同时也要尽可能多地尊重一个人。"对学生的严格要求应该是严而有信、严而有章、严而有度、严而有爱。师爱是教师对学生的爱，它是在教学实践过程中，从理性、美感、价值观等方面凝结出来的一种高度情感。它不仅是一种积极的情感，更是一种强大的教学能量和有效的教学方法；同时，它还是建立高质量的教师和学生关系的情感基础。在过去的教育实践中，许多优秀教师以严格、无私、忘我、高尚、公正的爱培养了一批又一批的优秀人才，挽救了许多被误导甚至失足的青少年。教师的爱不同于母亲的爱和朋友之间的爱，它比母爱更伟大、更无私，比友爱更纯洁、更公正。这是由于师爱本身的独特性决定的。师爱作为一种独特的社会情感，在未来的教育发展中，将日益发挥其独特的时代功效和教育功能，它将对学生的心灵和个人行为产生非常重要的影响。对广大教师来说，将师爱由自发性变为自觉性是非常必要的。

（一）特征

1. 对象性

教师是以培养人才为核心的，其职业活动的对象要求教师必须热爱学生，否则教育活动就无法实施和维持。没有爱，就没有教育，师爱不仅是教师职业活动的规范，也是使命感和责任感的主要表现。它不是自发的，而是积极的，这也是师爱的客观特征。人们常常将教师比作蜡烛，以此赞扬他们点燃自己、照亮他人的奉献精神。这正是对教师热爱学生、献身事业的高尚品质的肯定。

2. 原则性

苏联著名教育家赞科夫（Leonid Zankov，1901—1977）说："不能把教师对儿童的爱，仅仅设想为用慈祥的、关注的态度对待他们。这种态度当然是需要的，但是对学生的爱，首先应当表现出教师毫无保留地贡献出自己的精力、才能和知识，以便在对自己学生的教学教育上、在他们的精神成长上取得最好的成果。因此，教师对儿童的爱应当同合理的严格要求相结合。"不难看出，师爱不只是简单的关心和爱护学生，它同时包含着严格的要求，必须按照教育目标严格管理每一个学生。师爱的宗旨是培养人才，这也是一种神圣而崇高的情感。因此，师爱不是娇惯和没有原则的溺爱。

3. 普遍性

对学生来说，师爱是广博的，不计得失的，这是一种真正的"博爱"。它主要表现为对学生公平公正、不偏不倚、一视同仁，教师不仅要爱聪明漂亮的学生，也要爱普通的学生；不仅要爱成绩好、遵纪守法的学生，还要爱成绩差、品行差的学生，这就是师爱的普遍性。没有这种普遍性，就会产生偏心和自私，所有正常的师生关系就会变成个人之间的感情。这样的师爱就不再高尚，而是庸俗的、畸形的，从而影响师生关系，危及正常的课堂教育教学活动。

（二）师爱的心理功能

1. 激励功能

爱是人类共同的心理需要。每个青少年都期待周围的家人和朋友给予自己关怀、帮助、信任和尊重，并且愿意以同样的感情去爱他周围的人。在校园里，学生们更加关注教师的爱。因为师爱不仅是一种心理状态和情感，更是一种评价和社会认知。因此，学生通常将教师的关怀、爱护、信赖、尊重等与教师对自己的评价，以及自己在集体中的地位与人格联系起来。因此，教师的情感实际上转化为社会发展的环境因素，在每个学生的身上发挥着特殊的作用，从而激发他们的内在动机，促进其积极向上、努力学习。

2. 感化功能

师爱的感化作用主要体现在对学生的影响、感受和转化上。在教学活动过程中，有时需要劝诫、启发、灌输，有时也需要命令和强制，必要时还会进行惩罚；但是，更需要用温暖和真诚的爱来感化学生。实践证明，教师用爱去潜移默化地影响学生是一种巨大的教育能量，可以感化学生的人格，培养学生的品行，陶冶学生的情操。正是师爱的感化与熏陶，让后进的人努力，让自卑的人自尊，让悲观的人看到希望，让冷漠的人充满激情。师爱的感化功能是其他任何教育方式都无法替代的。

3. 调节功能

师爱不是单方面的，而是一个彼此互动、双向循环的过程。教师对学生的爱必将激发学生对教师的爱，从而使师生关系密切、情感和谐。此时，爱成为一种心理调节器，它不断地将师生之间的情感提升到一个新的高度。此外，师爱可以打开学生的心扉，让学生主动向教师吐露心声，让教师更清晰地把握学生复杂而充实的内心世界，有目的地进行教育，不断调整自己的教育方式和方法。苏霍姆林斯基说："我敢拿脑袋担保，如果学生不愿意把自己的欢乐和痛苦告诉老师，不愿意与老师坦诚相见，那么谈任何教育都总归是可笑的，任何教育都是不可能的。受教育者向他爱戴的教育者敞开自己的心灵，是一个彼此促使思想和感情高尚起来的过程。"这也说明，教育力量的发挥，受教育者心灵之窗的开启和关闭，都离不开师爱的调节作用。

4. 榜样功能

教师的榜样作用是无限的。教师的爱通过双向沟通，激起学生对教师的感激、依赖、尊敬和爱戴等，从而引导学生学习和模仿教师的言行举止和人格品质，使教师成为榜样和楷模。由于师爱的作用，学生感受到这种情感的美好和高尚；因此，他们会以同样的感情去对待周围的人，关心爱护自己的朋友和同学，重视和信任他人。从长远来看，学生将养成这种宝贵的心理品质。此外，当学生热爱、重视和敬佩教师时，会产生良好的心态和思维惯性，觉得教师的一切都是对的。此时，学生不仅模仿教师的个人行为、语言、衣着、姿态等，还模仿教师的个人爱好、兴趣以及处理事情的方式方法。这样，教师的直接影响就会远远超出教学活动本身。

（三）表现形式

1. 关爱学生

关爱学生是师爱的基本出发点。关爱学生，就是关心和发展学生一切的积极因素，抑制各种消极不良因素。特别是对于品德表现和学习成绩较差的学生，无论是宽容还是惩罚，目的都是教育，不能放手不管，更不能"一棍子打死"，教师要善于发现学生身上的"闪光点"，并予以保护和珍惜。这种关爱可以化解师生之间直接的矛盾，激发学生的学习兴趣，使学生感受到集体的温暖。

2. 尊重和信任学生

尊重和信任学生就是要做到尊重他们的人格。教师不可以无故辱骂、体罚学生，伤害学生的自尊心，师生之间应建立起一种民主平等的关系。

正如苏霍姆林斯基所说，教师对待学生的自尊心"要小心得像对待一朵玫瑰花上颤动欲坠的露珠"。尊重和信任是紧密联系的，可以说尊重就是信任。教师应坚信，在自己和集体的教育帮助下，每个学生都能成为一个有用的人。当然，教师对学生的信任不是轻率和盲目的，它是建立在对学生了解、理解和尊重的基础上的。

3. 同情和理解学生

这里所说的同情，是指教师应该关心和同情那些身体存在缺陷、学习成绩较差、缺乏天赋的学生。教师应该用同情去唤醒学生的上进心，激发他们的自尊和自信，帮助他们消除自卑、痛苦和悲伤，用热情和鼓励温暖学生的心灵，帮助他们充满信心地生活和学习。关于理解，有人说理解是爱的别名。的确，理解是一种理性的爱，是建立良好师生关系的重要心理状态和意识互动过程。理解学生，第一是理解学生的心理世界，正确认知和对待学生各种各样的行为表现，并透过现象去追寻本质。因此，教师不应该只站在自己的立场上去看待学生，更要以学生的现实利益和心理感受为重，从学生身心发展的规律和特点来评价和理解学生的言行举止。这就是理解。

4. 热情期望与严格要求

对于自己的学生，教师总是对他们充满了热情和期待，这也是教师之爱的自然而真实的表达。它包含着对学生的严格要求，使师爱有了既定的特点和目标，超越了一般情感的范畴。没有严格的要求，师爱就缺乏针对性。严格要求主要体现在教师教育态度的严肃性、纪律的严明性、行为的严厉性。必要时，教师可以动怒，以引起少数学生的警醒和震动。总之，师爱既有教师的温柔、和谐、热情、亲切，又有教师的严格要求。

四、个性魅力

德国哲学家、数学家戈特弗里德·威廉·莱布尼茨（Gottfried Wilhelm Leibniz，1646—1716）说过，"世界上没有两片完全相同的树叶"；同样，每个人都是不同的，人的个性千差万别，它是一个人自立的根本。人的才能往往会通过他的个性表现出来。从某种实际意义上讲，没有个性的人一定是平庸的。人格魅力并不是要求追求完美，而是要培养积极的态度，展现真实的自我。如果想要培养有个性的学生，教师首先必须有个性。这种个性越明显、越突出，就越有吸引力。教师应当有自我发展的空间，应当有个人的理想和追求。展示自己的人格魅力就是展示真实的自我——自己自觉自愿表现出来的自我形象，而不是迫不得已装出来的样子。新时代的教师应具备三个方面的素质：掌握广博的文理基础知识和深厚的学科专业知识，拥有教育专业方面的知识和技能，具有鲜明的个性特征和高尚的人格。研究表明，学生喜欢的教师一般具有以下特点：在思想作风上，他们实事求是，公平公正；在性格特点上，他们和蔼可亲，宽容大度；在工作态度上，他们一丝不苟，时刻为学生着想，对学生负责；在教学能力上，他们的教学方法灵活多变，讲课条理清晰。同时，学生也希望教师能够关心他们，尊重他们，满足他们的好奇心和求知欲，公正地对待他们。研究还表明，学生最不喜欢的教师一般具有以下特点：讲课死板守旧，缺乏创新，枯燥无味；教学没有计划，对学生不负责；处事不公正，偏听偏信，小题大做；未经调查就下结论批评学生；不与学生沟通、交流，不关心学生在课堂上的表现；对学生不管不顾，要求随便，不注重误堂氛围，只管自己讲课；说话做事不以身作则，表里不一，批改作业不认真；态度古板严肃，不友善，没有笑脸，等等。

（一）风趣幽默

风趣和幽默在现代人的生活中颇受追捧。一个幽默风趣的人通常具有渊博的专业知识、出色的演讲口才、聪慧的大脑、灵敏的反应和高雅的人文修养。简言之，幽默风趣是具有高智商和创造力的主要表现。

一般来说，充满幽默感的教师往往最受学生欢迎。幽默感最直接的表现形式是语言，每个教师都应努力成为语言大师，从某种意义上讲，语言表达能力对于教师的要求比演说家还要高。每个教师都应该有自己的语言风格。每个教师都应该根据自己的性格、气质、专业，用心设计自己的语言特点。它可以饱含感情、大气磅礴，也可以清晰流畅、脉络分明；有的语言明快质朴、平易近人，有的则意味隽永、不落俗套。幽默的人通常能寓人情物理于诙谐之中，让人发笑，继而引发深思。大多数教育家都十分重视语言的幽默，让学生在笑声中轻松地接受教育。教育家魏书生说过："每堂课都要让学生有笑声。"可以看出，一个充满欢笑的课堂可以让教学妙趣横生，增强教师的个人魅力，建立友好、平等的师生关系。当教师将笑声引入课堂教学时，还可以在引发注意、开启心智、活跃思维、补救失误、增强说理、激发兴趣等方面得到应用。当然，将笑声引入课堂仅仅是一种方法，而不是目标，真正的目标在于让学生欢笑过后收获知识、启迪和教育。教师的幽默感还必须与专业知识和教学目标相结合，教师只有具备广博深厚的知识、乐观开朗的态度，面对学生的提问时，才能够做到妙语连珠、言辞精妙。同时，教师还要依据教材的主要内容掌握笑的尺度、时机和收纵起止技巧，否则会产生反客为主、事与愿违的效果。愿更多的教师把正能量和高品位的幽默和欢快的笑声引入课堂，在课堂教学中充分发挥笑的教育功能。当然，这里所说的幽默与"油嘴滑舌"以及低级趣味是风马牛不相及、毫无共同之处的。

（二）童心未泯

中小学教师接触的对象大部分是儿童和青少年。学生，特别是低年级的学生常常把教师视作最亲近的人。在学生眼里，教师犹如自己的父母，是自己的大哥哥和大姐姐，是能够说心里话的"大朋友"。因此，教师的个人魅力也源于他们的童心。许多优秀的教师都喜欢和孩子们一起玩，和孩子们在一起也让他们感到年轻，充满活力和希望。童心之有无多寡，与年龄无关。教师的童心并不完全取决于教师的年龄，主要取决于他的心态。一个具有人格魅力的教师，他的心理年龄一定非常年轻，经常面带微笑，非常欣赏和关注孩子们所表现出来的好奇心、幻想力与创造欲。教师的教学热情、对学生的关怀以及表现出来的亲和力，必然对学生产生巨大的吸引力。珍惜童心，历年来就为大家所关注。鲁迅曾说："孩子是可以敬服的，他常常想到星月以上的境界，想到地面下的情形，想到花卉的用处，想到昆虫的言语；他想飞上天空，他想潜入蚁穴……"

在对青少年的教育和培养中，教师应该珍惜他们充满幻想和好奇的童心，充分培养他们的想象力、创造力和思考力，而不是采用"填鸭式教育"，让学生"读死书"。可以说，最具魅力的教师必定是一个有着童心的人。

（三）展现自我

展现自我，并非是心中没有他人、忽视他人利益和集体利益，更不是损人利己，而是要充分发挥自己的潜力，实现自我价值。如果个人的潜力得到充分发挥，他将对社会做出巨大的贡献。这将有益于社会，有益于他人。

教师有必要学会认识个人价值，提高个人价值，发展个人价值，展现个人价值。如果每个人都以一种积极认真的态度去对待人生，进行"自我设计""自我实现""自我发展"和"自我升华"，而不是伸着双手向国家"等、靠、要"；那么，这个国家一定就会充满生机和希望。

第三节　心态的修炼

作为一名教师，应该在学生面前具有魅力。教师的魅力不仅包括幽默的语言、端庄的衣着、从容的态度、自然的举止，还包括教师自然表达出来的内在气质。吸引学生的因素有教师的才学等；但是，最重要的因素是教师崇高的道德品质。在学校里，教师是最亲近学生、影响学生最深的人。学生内心中会有一种"向师性"，无形中把教师当成最直接的榜样。教师崇高的人格就像一丝丝春雨，滋润着学生的心灵，影响着学生的人格。目前，很多教师还没有注意到：教师作为教育学生的人，在学生的成长和发展过程中将起到至关重要的作用，甚至会影响学生的一生。教师拥有健康的人格，才能使学生形成健康的人格。可是令人担忧的是，当前的教学领域存在一定程度的忽视教师人格魅力而仅仅满足于完成教学任务的现象。

一项"专业素质与人格魅力，哪个对于教师更重要"的调研结果表明，70%的学生认为，"教师应具备乐观、热情、公正、诚信等人格特质，比具备良好的专业素质重要"。可见，教师的人格魅力比专业知识更重要。素质教育就是要把学生当成真正的人，尊重学生的人格与尊严。教师与学生在人格上平等，不应该以上对下，强势压人。现代社会对教师的新要求，就是教师要具备高尚的人格，表现出真、善、美的品质。

一、善良与关爱

近代教育家、思想家陶行知曾说："真教育是心心相印的活动。唯独从心里发出来的，才能达到心的深处。"很多学生长大成人后，对于自己中小学时代的教师印象依旧深刻，伟大的师爱影响着他们的一生。

有这样一种说法："爱自己孩子的人是人，爱别人孩子的人是神。"人们经常说，教师这个职业是神圣的；但是，神圣在什么地方呢？有些人误读了，把"神圣"解释成"清高"。只有前面那句话真正指明了教师职业的神圣性。爱自己的孩子只是一种动物本能，是依靠血缘关系维持的；但是，教师对学生的爱是只讲付出、不计回报的严慈相济的爱。这样的爱，超越了血缘关系，无私而又神圣。

学生一旦感受到教师的爱，就会"亲其师，信其道"。教师对学生的爱，才是教师的灵魂，是教师的人格修养，也是教师的素质。如果教师的人格魅力对学生来说是一种榜样，那么，教师对学生的爱就是高效教学的力量源泉。陶行知先生有句话说得又通俗又深刻："捧着一颗心来，不带半根草去。"这句话形象地表达了教师无私奉献的爱心。面对学生，无论学习成绩是好还是差，无论性格是内向还是外向，教师都要平等地对待他们，关心他们。教师对学生的善良与关爱会温暖学生的心房。

瑞士教育家裴斯泰洛齐（Johann Heinrich Pestalozzi，1746—1827）曾说："我的儿童从清晨到深夜每分钟都得在我的额上注视，在我的唇边推擦。我的心和他们的心是黏合的，他们的幸福是我的幸福，他们的欢乐是我的欢乐，我一个人从早到晚在他们中间。我的手牵着他们的手，我的眼睛注视着他们的眼睛。我随着他们流泪而流泪，我随着他们微笑而微笑。"现代教师彼得·基·贝得勒有一段精彩的言论："这些学生在我眼前成长、变化着。做一名教师就好比在创造生命，我看到我亲手塑造的泥人开始呼吸。没有什么能比如此接近地亲眼看见生命开始呼吸的瞬间更令人激动的了……做教师也确实提供了一些除了金钱和权力之外的东西：它提供了'爱'。不仅仅是对学习的爱，对书本的爱，对思想的爱，而且是作为一个教师所能感受到的那些难得的学生步入教师的生活并开始呼吸的爱。或许'爱'用在这儿并不尽意，用'神奇'一词更为恰当。我当教师是因为我生活在那些开始呼吸的人们中间，我有时甚至能感受到在他们的气息中也有我自己的气息。"

爱可以塑造美丽的人生。从这一点来看，教师决定着学生当下的美好生活，甚至也影响着学生未来的美好生活。学校的教学效果不是教师授课效率和学生听课效率以及考试成绩的"总和"。两者应该是"乘积"的关系。比如，教师、学生任何一方的效果是"零"，结果当然就是"零"。无数的事例可以说明一个事实，师生关系要融洽、温馨、祥和，师生之间才能产生安全感和幸福感，教师对学生就会增强责任心，从而也整体提高了教育教学工作的效率。教师代表着"善良与关爱"，具有无穷的魅力。孔子学说的精髓在"仁义"二字。孔子对学生体贴入微，关怀备至。学生中家庭贫寒者，他便想办法接济；身患疾病者，他便去探望。孔子谦和的态度和平易近人的风度都使他的学生折服。从孔子的事迹可以看出来，教师对学生的爱心来自他们内心深处的善心。一位哲学家在黑板上写下了一个问题："世界上什么东西是最可爱的？"学生们看了，纷纷站起来叙述自己的看法和见解。终于轮到最后一位学生回答了，他说："世界上最可爱的东西是'善'。"哲学家听后，满意地点了点头，笑了笑，说："确实，你说的'善'包含了大家所有的答案。一个善良的人，对自己可以知足常乐，对别人和蔼可亲。"善良、真诚、有人情味，都是人性中闪亮的光辉，这种光辉堪比照亮大地的阳光。如果一个人能够尽自己所能为他人谋福利，他的未来必将有良性的发展。人的一生，诚恳、坦率、善良都是非常宝贵的品质。

二、宽容与公正

（一）宽容是金

有这样一个故事：晚上，一位老和尚正在寺庙的院子里散步，忽然看到墙角的隐秘处放了一把椅子，他一看就知道一定是有小和尚偷偷翻墙去外面玩了。老和尚没有声张，他来到墙角，把椅子搬走，然后蹲在了那里。过了一会儿，一个小和尚蹑手蹑脚地从墙上爬下来，然后踩在"椅子"上，跳进了院子。当小和尚站好时，才看清楚刚才在墙角踩的东西竟然不是椅子，而是自己的师父。小和尚顿时急得说不出话来。老和尚站起身来，并没有惩戒自己的弟子，反而关心地说道："晚上天气很冷，多加几件厚衣服，不然容易着凉。"小和尚听后，心里既羞愧又感动。从这个故事中，我们可以看出，宽容不仅是一种情感、一种美德，还是一种潜移默化的教育，它体现了教师宽广的心胸和平和的涵养。对于教师而言，宽容是一朵最美丽的花，教师用爱和宽容来教育学生、感染学生，展现了教师健康的心理素质，也使教育教学高效运转。

宽容不是毫无原则的退让，它的实质是教师的自信：相信自己的学生，相信自己的教育，相信自己的人格。我们的学生都是些涉世未深的孩子，请对他们宽容吧！宽容比责备更能感化学生。有时学生会顶撞老师，遇到这种情形，教师应主动找学生谈心，帮助他们找到问题的症结所在，然后对症下药，使他们知错改错。如果双方都有错，教师应该主动道歉。当教师发现结果是自己错了，这时道歉比不道歉更有威信，更能增加其人格魅力。学会宽容，能升华人格，净化心灵，让学生感受到天地间最宽广的是老师的胸怀。

（二）公正是金

爱迪生在小的时候，曾经受到过老师不公正的对待。老师对爱迪生的母亲说："你的孩子是低能儿，我们教不了他。"母亲不信，她决定亲自教育爱迪生。就是这个曾经被老师称作低能儿的爱迪生，成了人类历史上伟大的发明家。

海伦·凯勒出生后没过多久，就因病丧失了视觉、听觉，但她并没有放弃自己。海伦·凯勒的父亲给她请了一位家庭教师，名叫安妮·莎莉文。在莎莉文老师的教育下，海伦·凯勒不仅学会了识字和阅读，掌握了五种语言，而且还成了有名的作家，她还会滑雪、游泳、骑马、下棋。人们对海伦·凯勒的学习能力感到惊讶的同时，也赞扬莎莉文老师对学生的耐心教育。

还有这么一个故事。

海边的清晨，一个男人走在沙滩上。前一天下了一晚上的雨，沙滩上出现了许多浅水洼，一条条小鱼在窄小的浅水洼里摆动着身躯，这是因为暴风雨把它们卷到了岸上。虽然它们与大海近在咫尺，却怎么也回不去。再过不久，在太阳的照射下，浅水洼里的水很快就会被晒干，成百上千条被困的小鱼都会因为没有水而渴死。男人似乎对眼前的场景已经司空见惯，他继续向前走着。这时，他看见了一个身影正在海边不断地跑来跑去。那是一个小男孩，他正从浅水洼里捞起小鱼，然后跑到大海边把小鱼放走。男人停下脚步，看着男孩忙碌的身影，看着他把一条条小鱼救回海里。终于，男人说话了："小朋友，这里被困的鱼可能有上千条，你救不完的。"

"我知道。"小男孩头也不抬地说道。

"哦？那你为什么还不放弃？谁在乎呢？"

"这条小鱼在乎！"小男孩说着，弯腰捧起一条小鱼，把它放回大海。

"这条小鱼也在乎！还有这一条……"

"问题学生"容易使他人产生偏见；但是，如果他们被那些具有公正之心和奉献精神的教师谆谆教导，他们的生活会变得美好。在这里，真诚地希望我们的教师记住那个小男孩说的话："这条小鱼在乎！""这条小鱼也在

　　　　○　顺学而修，顺教而炼：优秀教师的人格力量　●

乎！""还有这一条……"这才是教师们对每一位学生应该抱有的态度。

（三）宽容、公正的力量

裴斯泰洛齐在《与友人谈斯坦兹经验的信》中指出："经过我长时间的观察，在孩子们粗笨、怕羞以及显然无能的背后，蕴藏着最优秀的才能、最珍贵的能力。"可以说，"问题学生"的心是最执着的，就算他们不能很快理解课堂内容，也仍然日复一日、年复一年地规规矩矩坐在教室里，上完所有的课程。"问题学生"总是承受着很大的挫折，因为他们经常被别人批评、指责以及各类冷暴力。他们面对这些挫折，只能强行隐忍，即使失败，还是继续做自己应该做的事情。

所谓"人才"，就是指在一定的场合，他的常识被发现、发挥出来了，得到了大家的认可。《学习的革命》的作者之一珍妮特·沃斯认为："做教师首先要相信你所有的学生都是天才，你才会认真地教每一个人。"教学不仅仅是向学生传授知识和学习方法，还要激励学生、鼓励学生，激发出学生的潜能。教育不是要改变一个人的本性，而是要帮助他成长，成为一个有用的人才。所以，教师不能忽视那些"问题学生"的存在。他们有着单纯而高尚的品质，有着坚韧而顽强的意志，有着美丽和宽广的心胸。虽然他们学习成绩差，但是他们很多人仍然坚持学习、追求上进，在学习中勇于克服困难，一直向成功的道路上跋涉奔走。在现实生活中，许多敢于在社会上坚持做自己的事情并逐步取得成功的人，可能正是以前班上的"问题学生"。

一位老教授曾做了一项长达 60 年的实验，研究青少年在学校的学习成绩与他们踏入社会后的成就是否有联系。在这 60 年的时间里，这位老教授针对 300 多名实验对象，要他们每隔 5 年来和自己面谈。老教授去世之后，他的学生继续这项研究。最后，他们终于得出了结论：青少年学生时代的学习成绩与他们在社会上的成就没有必然的正比关系。《世说新语》中有这样一句话："小时了了，大未必佳。"著名物理学家丁肇中曾经在一次演讲中说道："考第一名并不代表一切，我所记得的这个世纪比较有名的科学家，考第一名的很少。"

思想家、教育家陶行知先生曾提出过一种教育理论——泛爱，就是说，教师不能只偏爱固定的几个"好学生"，而应该"爱满天下"。他还说道："你的教鞭下有瓦特，你的冷眼里有牛顿，你的讥笑中有爱迪生。"教师应该平等地、公正地对待你眼前的每一个学生，不要把成绩作为唯一标准，只看到分数高、排名靠前的学生；教师应该让每一个学生都感受到温暖和期望，让他们产生向上的动力，体验成功的喜悦。当学生受到赞美和鼓励时，会更加自信；相反，学生如果经常受到批评和负面的评价，就会越来越自卑，妄自菲薄，自暴自弃。学生学习的过程犹如一杯未倒满水的杯子，有的教师看到的是空的上半部分，有的教师看到的是满的下半部分。前者否定学生，后者肯定学生。哪一种教师会促进学生的成长和发展呢？当然是后者。所以，教师应该在教育教学过程中深刻反思自己对待学生的态度。在教育活动中，有些教师往往不知该怎样树立威信，他们觉得让学生感到害怕、敬畏自己就是威信，这样的教师其实并不重视自己的教学能力和素养，仅凭自己高高在上的地位来压制学生，会让学生无地自容，严重的甚至不愿意来学校。对于学生来说，教师是神圣的。如果这种神圣只依靠教师的身份和被赋予的权力，那么它是非常不稳定的。教师的这种"神圣"的地位会随着与学生接触的增加并为他们所熟悉而逐步减弱甚至消失。如果教师想要在学生中树立真正可靠的威信，就要用自己独特的人格魅力与学生打成一片，让学生在被尊重的环境中心情舒畅地学习。宽容是一种美德，是一种广阔的心胸、不同于常人的气量。宽容，来源于教师的自信，相信自己的教育方式，相信自己的学识和素养，相信自己的学生都是好样的。教师在教育过程中，可以体现出人文教育功能，就是教师以理解、尊重学生的精神力量，感化学生，熏陶学生，引导学生，让学生能够自我反思、自我修正，从而稳步成长。宽容学生要注意哪几点呢？第一，学生不是你的敌人，学生是你的朋友；第二，学生都是没有经验的孩子，成年人都会不可避免地犯错误，更不用说他们；第三，宽容比呵斥更能感化学生，会有助于学生发自内心地接受教师的教育。宽容是教师对学生的过错表示的谅解和理解，也是师生关系最佳的处理方式。爱学生，不是口头上说说而已，而是发自内心地公平对待所有学生，用对待成绩优异学生的心情去对待成绩不好的学生，希望所有学生都能成为祖国的栋梁之材。

在学生的心目中，宽容、公正是教师理想的重要品质之一。学生希望教师对所有学生一视同仁，不偏爱任何学生；他们很不赞成教师对这一批学生关爱有加，对那一批学生冷落歧视。学生信赖教师，需要公正作为前提。爱学生，就要承认每一个学生都是与众不同的，都有自己的个性，他们学习的时候也可能会有自己独特的方式。教师在和他们平等相处时，要信任他们，关心他们，满足他们的求知欲，激发出他们的创造力。在教学过程中，要尊重学生的主体地位，同时又要坚持教师对学生的主导作用，教与学相互联系，正所谓"教学相长""弟子不必不如师，师不必贤于弟子"。一位优秀的教师必然会把学生放在和自己一样平等的地位上，尊重他们的人格，相信他们，把他们当作自己的好伙伴，与他们共同学习，共同探索真理。

教师这一职业能够存在这个世上是因为学生需要学习，需要成长，教师没有理由高高在上，不可一世。学生都是未踏入社会的儿童或青少年，他们不知道如何保护自己，可以这么说，他们属于弱势群体。所以，学生应该受到社会的关心，更应该受到教师的爱护与呵护。

三、创新型教师人格的修炼

（一）教师的独立性和好奇心

在时代的潮流中回望过去，我们坚信，新时代的教育一定是富有创造性的教育，富有创造性的教育需要具有创新思维的教师。他们的个性、思想、能力，都充满着激情。作为创新性的教师，人格魅力至关重要。这里说的人格，和"个性"的意思相近，指一个人的整体精神面貌，是一个人的性格、能力、气质的综合体现。

1. 个性，教师魅力的标签

教师如果想让自己的课堂充满活力，使自己在学生眼中永远闪耀，就必须拥有自己独立的个性，具有与众不同的教学方法和独特的教育风格，不断提高自身的魅力，展示真我的风采，才能吸引学生的目光，触动学生的心弦。

小张是一位刚参加工作的教师，担任小学六年级（1）班的班主任。面对升学考试的压力，大部分班主任为了学生能够多一些学习时间，取消了体育课改上文化课；小张却没有这样做，依旧按照自己的教学方法，促进学生产生求知欲和好奇心，引领学生探索大自然的奥秘，让学生在探索中学习。期中测评时，小张班级里的学生成绩遥遥领先，小张更是获得了"优秀教师"的称号。正如她所说："教育者应该有自己的思维和独特的教学方法，根据每一个学生的特点，因材施教，而不要对所有学生都千篇一律。作为学生，特别是小学生，个性多样并且可塑性强，我们不能用冷冰冰的说教甚至是强制来促使他们去学习，而是要尊重他们的个性选择，运用他们顽皮的天性，利用'南风效应'来绽放他们个性的美丽花朵，而不是单靠纪律去统一和约束他们多样的性格。"

以上事例充分说明，教师的教育教学过程需要创造性思维，教师面对教学现状和难处，应该具有怀疑精神和独立思考的意识。教师缺乏独立性，

○ 顺学而修，顺教而炼：优秀教师的人格力量 ●

一味地随波逐流或因循守旧，就是缺乏个性，没有教育创新。具有怀疑精神和独创个性的教师，才可以产生创新观念和创新行为。当然，这种独立的个性是以教育教学规律为基础的，因此它是一种符合现实教学的独立性。如果要学生个性化、充满活力，教师首先必须个性化，充满信心，有坚强的意志，独立的个性。从古至今的历史都证明了这一点：独立性强的人一般有着高远的志向，具备强烈的创新意识和创新精神；依赖性强的人缺乏自信，做事情时总是希望得到别人的帮助，容易故步自封，停滞不前，缺乏创新精神。

2.好奇心越强，创造性越高

学生的创造源于教师，教师的创造始于其人格。有研究表明，好奇心越强的教师，学生的创造性越高。教师想要把学生天真的好奇心培养成科学的好奇心，自身就必须具有强烈的好奇心。

一位中学教师曾经给学生上过几堂难忘的课：第一堂课，没有任何板书，学生不可以写笔记，必须闭着眼睛听讲，教师阅读文字材料，学生用心去记；第二堂课，一整节课上，教师没有发言，要讲的内容全部写在黑板上，学生不可以写笔记，只能用眼睛看黑板上的内容；第三堂课，教师当着学生的面做了一个实验，然后让学生模仿教师完成这个实验；第四堂课，学生既兴奋又好奇，教师说，我们每个人在学习的过程中运用了听觉、视觉和其他感知能力，如果大家未来有幸成为教师，能够促进学生良好地运用自己的听觉能力、视觉能力和其他感知能力来学习，那么，你所教的学生都将是优秀的。后来，有的学生说，这样的课令我们终生难忘。

好奇心是学生求知的基础和学习的内在动机。好奇心是探寻事物的源泉，是搜索未知世界的动力，是创造人才的重要特征。如果一个人没有好奇心，他做事就会缺乏甚至没有热情，不愿做出改变，不想取得进步。

3.失去想象，创新无从谈起

阿尔伯特·爱因斯坦说过："想象比知识更重要，因为知识是有限的，而想象力概括着世界上的一切，推动着进步，并且是知识的源泉。"想象力是创造的主导力量，是创新的动力。创新型教师必然拥有丰富的想象力，其教学设计、教学场景、教学过程无不充满想象。一位小学教师正在课堂上和大家讨论一个问题——为什么花儿会盛开？起初，学生们很困惑。教师这时伸了伸懒腰，假装睡眼惺忪的样子，然后睁开眼睛，抬头看了看太阳。"她睡醒了，想看一看太阳。"其中一个学生抢答，"她伸懒腰，撑开了花骨朵儿。"教师又做出了唱歌听音乐的姿态。"她想和我们一起唱歌。"最后，教师说："花儿知道我们大家都愿意和她在一起，所以就开心地笑了！"

如果一群天真可爱、富于想象的孩子与缺乏想象力的教师相处的时间久了，可爱的孩子们就会变成失去翅膀的天鹅。这一点绝非危言耸听。

四、执着、坚定、激情、开放

创新的过程是艰巨的。在这个过程中，教师可能会遇到一些困难，比如，遭受别人的冷言冷语，被人们误解，受到固守传统者的误评、批评和训斥。面对这些压力和困难，教师必须具备坚定的信念和顽强的意志。教育的效果不是一下子就能显现的，它需要时间来获得证明。

许多专家学者认为，人的性格决定了人一生的命运。也就是说，人的竞争力、创造力和工作效率与人的性格相关。大部分获得成功的人都热情认真、谦虚宽容、专一坚毅。列夫·尼古拉耶维奇·托尔斯泰（Leo Tolstoy，1828—1910）说过："我们创造，没有激情是不行的。"创新型教师不仅要能克制住自己的情绪，而且要充满激情，思维和情感要灵活多变。

开放、创新是现代社会的主要特征或鲜明色彩。人格的开放可以相互启发，寻求差异和创新。社会要开放，国家要开放，学校要开放，思维要开放。教师要培养出具有开放性和创造性的学生，自身必须要个性开放，善于创新。教师应善于通过现场观察、网络探究、专题交流等方式和方法，借他山之石，攻己身之玉。创新型教师善于学习专业知识，关注周围有价值的事物，常与他人沟通，具有多维价值观。当今时代是个多元化的舞台，创新机会众多，教师可以在这样的时代大展宏图，开展自己的创新事业。

第五章

各学科教师的人格修炼

第一节　班主任的人格修炼

乌申斯基曾说过："在教育工作中，一切都应以班主任的人格为依据。因为，教育力量只能从人格的活的源泉中产生出来，任何规章制度、任何人为的机关，无论设想得如何巧妙，都不能代替教育事业中班主任人格的作用。"班主任在课堂教学中，其思想品德、广博知识、精神面貌、教学态度和一举一动中所体现出的气质都会对学生产生潜移默化的影响。对学生最无形又最有力的教育因素，是班主任的人格。

班主任的人格魅力包括广博的知识。丰富的学识可以体现班主任的人格魅力。连接班主任与学生之间的纽带是知识。积累丰富而又深厚的知识既是班主任专业水平的标志，又是班主任自我完善的需要，更是班主任从事教学工作的保证。教师只有具备了这样的条件，才能在教育教学方面举重若轻，营造和谐融洽的工作氛围，协调好与学生和同事之间的关系，从而有利于教育事业的成功。班主任的知识越丰富，视野越开阔，科学素养越深厚，教学的效果也就越好。未来，只有多元化、信息化、立体化的人才才能在社会上立足，班主任只有丰富自身知识储备，才能帮助、指导学生从横向方面扩展知识面，从纵向方面提高思考能力。俗话说："腹有诗书气自华。"一位优秀的班主任一定是一个博学多才的人。想要成为一名学者型的班主任，我们就必须致力于学问和教学，时刻做到更新自身的知识，使自己不落后于时代。

班主任的人格魅力包括慈爱、善良和高尚的师德。世界不能没有爱。阳光对于鲜花的爱，是源于需要；父母对于子女的爱，是源于亲情。而班主任对学生的爱，更多的是出于责任。师德最本质的内涵，师德的灵魂，就是爱。

师爱在教育过程中是一股巨大的力量，是班主任高尚的情感。师爱体现在班主任对教育事业的热爱，是班主任对学生和工作的一种博大、深沉而又无私的爱。只有心地善良、心灵高尚的教师才会平等地善待他的每一个学生，他们不会因为学习成绩的好坏和家庭条件的差异而偏爱或贬低某些学生。他们会想方设法提升学生的学习成绩，也会直截了当或者旁敲侧击地指导学生的行为习惯，培养学生的思想品德修养，他们还会关注学生的喜怒哀乐等正面和负面的情绪。他们在学生面前承担着良师、亲密的朋友、慈爱的长辈三种角色。

既然班主任要爱学生，就要平等地对待每一个学生。班主任不能只凭学生的学习成绩、考试分数来判断学生的好与差。班主任要学会欣赏自己的学生，让所有的学生都能感受到自己被关心、被重视，从而获取向上的动力，进一步体验到成功的喜悦。

班主任的人格魅力包括对学生的宽容和信任。班主任不仅应对学生的现状起到领航作用，而且还将对学生的未来发展起到设计作用。班主任平时对学生要做到平易近人，关心和尊重学生，把学生的身心健康放在重要地位，与学生建立平等、亲密的关系，不仅做学生的良师，还要做学生的益友。特别是对后进生，班主任更应该给予关心，注意他们微小的进步，发现他们身上的闪光点，并鼓励他们继续发扬自身的优点，使他们增强自信心。

作为班主任，当学生出状况、犯错误或遇到各种问题时，要冷静、宽

　　　　○　顺学而修，顺教而炼：优秀教师的人格力量　●

容、理智地去处理。要知道，你的一句话，一个不经意的行为，都可能对孩子造成无法弥补的身心伤害。

班主任的人格魅力体现在忠诚于党的教育事业。如果说教学仅仅是教师的谋生手段，那就错了。作为班主任，要全身心地、毫无私心杂念地投身到教育中，把教书育人作为自己的终身职责，而且还能从教育教学中充分享受到工作和人生的快乐。班主任自己有诚信，才能去塑造学生的诚信；自己有正直的心，才能去培养学生的正直的心；自己具有人性美，才能去启发学生的人性美；自身有高尚的品德，才能去孕育学生高尚的品德。

只要班主任将自己的生命融入教育事业当中，生命和使命齐头并进，其人格魅力就能散发出耀眼的光彩。作为班主任，要努力培养自身素质，用身心健康的人格魅力塑造学生的美好心灵。很多年后，当学生想起自己的班主任时，他们会难以忘怀、心存感激。这样的班主任，是具有独特的人格魅力的班主任，同时，也一定是一个幸福的班主任。

第二节　语文教师的人格修炼

我们每个人自出生以来一直都在接受教育。在我们的成长过程中，毫无疑问，学校教育是非常重要的一环。学校教育的课程种类繁多，其中，语文教学不仅要引导帮助学生学习语言和文字，而且还要培养学生的健全人格、传播民族优秀文化。因此，语文教师在教学中的作用就是培养学生的人格道德，这对学生的影响是潜移默化的。语文教师应该清楚自己的任务，明确自己的职责。作为学生的引路人，语文教师需要扮演好以下几种角色。

一、应搭建好学生与教材之间的"桥"

这里的"桥"指连接和沟通。语文教师的任务是如何让学生从教材中学到语文知识，教师就是连接学生与教材的桥梁，让学生与教材进行畅通无阻的交流，解决学生学习教材时遇到的障碍，引导学生更好地理解教材。教师不要把自己对教材的理解强行灌输给学生，应该意识到不同的学生对教材的理解是不同的。总而言之，教师应发挥好"桥"的作用，即教师要让学生与教材进行广泛的交流，不要以自己的话语代替教材编者的言论，不要代替学生思考问题。首先，教师要激发学生对教材的兴趣，提高学生对教材领悟的能力，让学生感受到阅读教材的乐趣，从而领略中华语言文学的魅力，而不是把学习和阅读教材当成沉重的负担。其次，教师要认真处理教材这个载体，充分挖掘学生在教材中没有感受到的内涵之美，让学生认识到教材不仅是传播知识的工具，而且还是思想和艺术的结晶，进一步让学生产生从教材中获取知识和思想的欲望。

二、教师应该引导学生广泛阅读，做开启他们阅读兴趣的指路明灯

书本上和课堂上的知识都是有限的，但是语文的世界是无限的。因此，语文教师不能只给学生教授书本上有限的知识，还要不断拓宽学生的阅读视野，让学生在课外也有适当的时间阅读那些教材上接触不到的内容。

语文教师让学生进行课外阅读，不仅有利于提高学生自身的语文素养，还有利于增强学生的阅读兴趣，从而促进课堂教学高效率地展开。首先，教师应该让学生自由地阅读。阅读内容广泛多样，有利于培养学生的阅读兴趣。科技、天文、地理、历史、政治，以及文学、小说类等书籍，学生都可以阅读，教师不能指责学生不务正业，不能随意限制学生的阅读范围。然后，教师要指导学生阅读。比如，对于学生如何选择一本好书，如何阅读这本好书等，教师都要认真指导。最后，教师要帮助学生养成良好的阅读习惯，比如，每天定期阅读、做阅读笔记以及在阅读中提问等。

三、在学生人文精神、人格培养上做好指导

教师不能用强行说教的方式把人文精神灌输给学生，强行说教只会产生反作用。传播人文精神的方式重点在于对学生进行感染和熏陶。语文教学不仅要培养学生的语文能力，让学生学会正确使用汉字，具备一定的语

文知识和技能，而且应该丰富学生的个性，完善学生的人格，挖掘文化因素，弘扬人文精神，培养学生的创造性人格和民族意识。语文教师要加强自身修养，使自己具备自觉的人文精神，然后把这股人文精神教授、传递到学生身上。首先，语文教师的情感应该真诚而丰富。语文教学，从另一个角度来说，是情感教学，即师生在交流过程中感受到汉语和文字蕴含的思想美和情感美，从而使学生受到熏陶并将其内化为自己的思想和情感。其次，语文教师在言谈举止上要有风度，用自己的一举一动来教育学生，做学生的榜样。

"文学即人学"是著名作家马克西姆·高尔基提出的文学见解。语文教学在潜移默化影响学生人格方面发挥着重要作用，把语文教育融入学生人格的培养之中，这是素质教育对语文教育的重要要求。培养高尚、健全的人格是语文教学的终极目标，也是一种理想培养。那么，怎样才能将人格教育寓于语文教育中呢？

首先，教师要善于调动学生的道德情感。道德情感，包括集体荣誉感、民族自豪感、爱国主义情感等，是学生创造性人格的重要内涵之一。刘勰在《文心雕龙》中提出："情者，文之经。""缀文者情动而辞发。"学生只有被作品的思想所感动，才能逐渐实现自身的道德转化与升华，从而形成健全人格。情感是道德的催化剂和内在动力，它能够帮助人们战胜困难，形成健全的人格。

其次，教师要善于增强学生的社会责任感。拥有健全人格的人，最基本的特征是热爱祖国、尊老爱幼、关心他人、助人为乐、守信、乐观、宽容等。社会责任感在语文教科书中的许多文章中都体现出来了，这些文章中的鲜活的人物形象闪耀出了热爱祖国、乐于助人、守信、宽容等美好而崇高的品质。如果语文教师能够在课堂上对学生采用多种教学方法，引导学生在内心中形成社会责任感、对祖国的忠诚感以及热爱集体、自信、谦逊、勤劳等积极性格，就会让学生能够正确面对自身，使学生的人生态度发生质的变化；相反，就会形成自私、自利、懒惰、虚荣、自卑等不良性格和负面情绪。因此，教师正确引导学生，可以为学生指明人生目标，激发学生的人格意志，如自制力、坚持性、独立性、自觉性等，这有利于培养学生创造性的人格。

再次，教师要运用语文知识，帮助学生形成良好的人格。除了汉字、词语和句子，语文教学中还包含了对学生的思想教育，学生不仅可以通过教科书学习认识社会生活，还可以借此陶冶情操，让自己的心灵产生美的感受。如果学生在语文课上真正受到了语文教育的熏陶，那么，他们在自己的言行中会无形地体现出来；如果教师没有用正确的方法教导学生运用语文知识，学生就可能仅仅只是配合教师完成教学任务，下课后就不会把课堂上的事情放在心上了。尤其是教师在给学生上作文课时，不能只强调作文框架，还要注重丰满的内容和深刻的思想，真正做到"言为心声、文如其人"。因此，语文教师不仅要培养学生良好的人格，还要与作文教学配合进行，促进学生在生活中拥有积极进取的精神、正确的立场、鲜明的观点和独特的思想方法，形成健康的人格，使他们将古人所说的"先天下之忧而忧，后天下之乐而乐""锲而不舍，金石可镂""不以物喜，不以己悲"等思想在自己的生活中表现出来，将语文学科特有的语言、艺术、思想的魅力演变成自己的语言、艺术、思想的魅力。魏书生老师认为："教学生作文的过程也是育人的过程。""作文教学的源头，就是雕塑学生的心灵。"这种观点是有道理的。如语文教师指导学生认识社会上的负面现象，培养学生具备社会责任感和正面的心态，让学生具有明辨是非的能力，把作文教学和育人联系起来，一方面可以提升学生的写作技能，另一方面还可以使学生形成健康的心态。

总之，语文教师不仅要引领学生走进文学艺术的殿堂，提高学生的语言文学素养，还要善于培养学生的优良人格和道德品质。这样的教师才是一名称职的教师，才能被称为"人类灵魂的工程师"！

第三节　数学教师的人格修炼

如果想要成为一名受学生喜欢的数学教师，就必须拥有自己的人格魅力，用人格魅力来吸引学生。怎样才能具有吸引学生的人格魅力，这也是每一位数学教师都应该去认真思考的问题。教师只有努力提升自身的教学能力，丰富自身的内涵，才能让学生对教师产生尊崇的心态。有的教师教学时间短，教学效果却非常好，而有的教师虽然牺牲了自己的业余时间，花费了精力，但上课效果仍然不如意。推究其根本原因，就是教师的人格修炼还不到位。那么，教师在人格方面应该怎样自我培养，才能在课堂上吸引学生的目光、在课后使学生对你产生崇敬之情呢？

一、过硬的专业知识

人们常说："给学生一杯水，教师要有一桶水。"这句话的意思是，教师要想教学效果好、效率高，自己必须要有广泛的、不局限于书本的专业知识。比如，数学教师应该能做到帮助学生解决各种疑难问题，不然的话，教师在课堂上面对不同学生的提问，很难应对自如，在学生中的形象无形中会打折扣甚至倒塌。数学老师具有的数学专业知识包括以下两个方面：

（一）逻辑思维能力

逻辑思维能力要求教师能够整理教材知识结构，理清和表达解题思路，进而准确、快速、高效地解答问题。能帮助学生形成和理解数学的概念并加以巩固，帮助学生探索数学的规律，在课堂上应用比较、归纳、类比、综合、抽象、分析等方法进行教学。

（二）空间想象力

空间想象力要求教师能根据特有的文字描述想象并画出相应的几何图形、模型或实物，能从空间图形分析出其中的点、线、面、体之间的关系。

打通并建立知识间的相互联系。仅仅凭借教材上的数学知识解决生活中的实际问题，远远不够。数学教师只有广泛地学习，才会有精深的知识。所以，作为数学教师，除了扎实掌握本课程教材上的专业知识以外，还要多看课外书籍，提升自己的专业素养，这样也可以达到丰富自身的人格魅力的效果。

二、处理和钻研教材的能力

教师如果想要上好每一堂课，那么在备课的过程中，对教材上的知识就不能仅仅只是知道，而是要深入钻研，举一反三，明确这堂课讲的是什么，上完课后学生应该且能够学到什么知识，可以用于解决生活中的什么问题；搞清楚这堂课的内容与已学内容的联系、区别，与以后要学习的知识的关系以及在数学教学中的地位和作用；考虑采取哪些措施来解决学生的问题，为学生耐心讲解教材中的重点与难点。

教师处理教材、钻研教材，还有一个体现就是精心挑选习题，甚至自己编写新的习题。一名优秀的数学教师一定要依据教材灵活编写习题，不要对学生应付了事，随意布置作业。只有这样，学生才会扎实掌握并运用教材中的知识。

三、能调控课堂教学

一位成熟的教师要做到调控好课堂教学。一位新就任的数学教师第一次在讲堂上时，一般想的是自己该如何"教"，常常担心自己讲得不好，学生会不会不爱听。一位成熟的教师，他在讲堂上考虑的则是学生应该如何学习。成熟的教师不仅能妥善调节课堂情绪，调动学生的积极性；而且，能熟练地组织教学，圆满完成教学任务，使学生可以积极地投入到整个教学活动中。

四、良好的语言表达能力

教师良好的语言表达能力体现在文字组织、逻辑思维等诸多方面，既包括书面语言，也包括口头语言。作为一名数学教师，对数学语言的表达，不仅应该有严谨的科学性，还要富有艺术性。能把科学性和艺术性完美结合，教师的基本功才算达到了一定的水平。 数学教师应具有以下的专业素养：

首先，数学教师的数学专业知识应扎实、深厚。目前，虽然许多教师都是本科或研究生毕业，拥有较高的学历；但他们的数学专业知识可能并不扎实。虽然凭借已有的知识应对小学数学没有问题，但想让孩子们听懂，想把数学教得深入浅出，凭借这些知识可能远远不够。因此，数学教师要经常阅读数学方面的专业书籍，多参与具有学术性的研讨会，多聆听数学专家的讲座等，通过这些途径来提高自身的专业知识水平。教师可能觉得有些专业知识太深奥、太复杂，自己看不懂，短时间不能学会。其实，教师只要接触多了，自然就会理解。因此，教师应该积极主动地接触并吸收

　　　　　　○　顺学而修，顺教而炼：优秀教师的人格力量　●

新的专业知识，扩宽自己的专业视野，提高自己的专业素养。

其次，数学教师要对数学发展史有一定的了解。数学是一种文化，不同的民族有不同的文化背景，在此基础上产生并发展了具有不同特点的数学。探寻中国乃至全世界数学发展的历史，教师可以从中了解到数学学科产生的背景，数学在生活中的实际运用，还可以进一步体会到数学从古至今的魅力。经过这样的学习，教师讲课才能够充满自信，教学才能够高屋建瓴。

再次，数学教师要掌握一定的数学思想方法。数学教学不是只告诉学生怎么解答习题。数学教学的价值体现在用什么样的方法思考问题，以及增强学生的分析和解决问题的能力。数学教师要掌握一定的数学思想方法，才能教会学生灵活运用数学知识解答问题。另外，在对小学生进行数学教学时，重点是让他们在做题的过程中受到常用数学思想方法的潜移默化的影响。

最后，数学教师要全面吃透数学教材的内容。比如，一位小学数学老师不仅要知道自己执教年级的学生要达到的数学科目的要求，而且要熟练掌握整个小学阶段所有的数学知识。数学教师在教学过程中要具有发展的眼光，这样，才能不局限于一个或几个年级，才能为学生数学知识的逐渐积累和数学技能的持续提高打下坚实的基础。教师只有站在学生的立场上完整、全面地吃透教材中所给予的知识框架，才能使自己的教学方法真正贴近学生的需要。

一位优秀的数学教师应该具有自身独特的人格魅力。这是促进学生学习能力提高的需要，更是社会对数学教师的要求。每一位对学生有责任感的教师，都应该在课余时间充实自己，提高自身的专业知识和人格素养。

第四节 英语教师的人格修炼

英语教师需要强大的人格力量，这将有助于他们培养和提升学生学习英语的兴趣，提高学生的英语成绩和英语素养。教师职业的核心特征就是重视人自身的作用。教师的工作并不是直截了当地把知识灌输给学生，而是时时刻刻与学生交心。这种交心的过程实质上就是培育人才、塑造人格。人格的塑造不是什么教学仪器能做到的，它是教师用自己的思想、知识和人格情操实施影响的结果。教师仅拥有高深的专业知识是起不到这种作用的，教师必须把自己的知识和人格魅力联系起来，才能让学生有效地掌握知识，促进学生人格魅力的形成和发展。

乌申斯基说："在教育工作中，一切都应以教师的人格为依据。"一位优秀的教师，一定是凭借自己的高尚人格影响学生的心灵，树立自身的形象。他们的教学风格具有强大的影响力，无形中熏陶着学生的人格。

英语教师在教学过程中承担着两项任务：一是把英语语言知识教授给学生，让学生拥有读、写、听、说的能力；二是成为中西文化交流的桥梁。因此，教师的性格、知识结构、审美情趣、人生观等都对教学和学生产生影响。学生必须先在心理上认可自己教师的人格，欣赏他的讲学方式，对他的价值观念产生崇敬之情，才会愿意发自内心地参与他的教学活动。一位教师曾经在班级里做过这样一份问卷调查，要求学生们说出他们理想中的英语教师，即"一位好的英语教师"是什么样的，其主要部分摘录如下：

1. 要幽默有趣。（86.7%）

2. 应该公平。（81.7%）

3. 不能总是板着面孔，课堂的教学气氛要轻松。（80%）

4. 应有渊博的知识。（76.7%）

5. 应有健康的心理和健全的性格。（75%）

6. 应该有礼貌，应尊重学生。（71.7%）

7. 应衣着整洁，有风度。（68.3%）

8. 人生观应积极向上。（65%）

由上面的数据可以看出，一位英语教师如果幽默有趣、知识渊博、尊重学生、对学生有感染力，学生就会对英语课产生兴趣，并会主动地响应教师提出的各项学习要求，完成教师布置的相关任务。根据多年的教学实践经验，我们认为，为了获得更好的教学效果，除了幽默、公正、谦虚、热情等，优秀英语教师还需要修炼以下品格。

一、渊博的知识

成长在中国传统文化熏陶下的学生，多多少少会按照中国文化的结构体系和价值标准去思考问题。英语是人文科学，英语教师在教学过程中会向学生介绍和传授一部分西方文化和思想。中国思维和西方思维具有明显的差异。比如，中国传统文化重视一个人的内心感受、个人情操，西方文化讲究逻辑思维、客观世界和真理、尊重人自身。如果学生不能正确对待中西方的文化差异，就容易产生自闭、自大、盲目崇洋等心理，对学生产生负面的文化价值观。作为英语教师，应该认识到中西方文化的差异，正确引导学生，帮助他们形成正面的、包容并蓄的文化价值观，有鉴别、有选择地对待西方文化，汲取其中的有益养分。

　　想要成为一名优秀的英语教师，就必须要使学生在学习英语知识的同时，既传承中国文化的优秀传统，又了解并借鉴西方文化的精华部分，把现代文化价值观渗透到学生的内心中。教师自身应该具有广博的知识，不仅仅是英语知识，还包括中国和西方的文化精髓，才能在面对英语教学素材时保持正确、积极的态度，给学生传递正面的信息，使学生在英语学习过程中增强世界文化底蕴。教师的人格魅力是从广博的学识中体现出来的。教师必须要有广博的学识才能提升自己的业务水平，有效完成自己的教学工作，而且还能自我培养情操，自我完善人格。教师的视野越宽广，学识越丰富，越能给学生传授贴近教材的课外知识，扩大学生的知识面，提高学生的专业素养。

二、高尚的审美情趣

　　爱美之心，人皆有之。每个人都喜欢美好的事物。在英语教学中，我们也能看到美的因素。所以，优秀的英语教师要拥有高尚的审美情趣。奥古斯特·罗丹曾说："生活中不是缺少美，而是缺少发现美的眼睛。"教师要脱离低级趣味，拥有健康的心态，才能具备高尚的审美情趣，从而在教材中、在课堂教学中、在生活中去发现美的存在。教师应努力在与学生的互动中把教学进行艺术化处理，使师生都沉浸在美的包围中。这样可以使学生不仅是在从事具体科目的学习，而且同时还在享受美、感受知识的魅力。

三、积极向上的人生观

　　一些教师认为，人生观与教学效果没有直接的关系，只是道德修养的

　　　　○　顺学而修，顺教而炼：优秀教师的人格力量　●

一部分。事实上，这种观点是错误的。教师拥有积极的人生观和价值观，才会得到学生认同，被他们所愿意接受，教师的教导和教学效果也将受到其直接的正面影响。如果教师对生活现状不满，对前途理想抱有失望，对人生持消极悲观态度；那么，其消极情绪就会不可避免地被带入课堂，这又如何培养有理想、有信心的学生呢？如果教师对学生保持着强烈的责任心，对自己的教学事业无私奉献；那么，他一定会在课堂上用自己积极健康的情绪影响学生，激发出学生学习的激情。教师的人格魅力体现在有勇于创新的能力和强烈的事业心。教师必须自身具有创新意识、创新精神、创新能力，才能培养出具有创新意识、创新精神、创新能力的学生。教师首先要是创造型的教师，才能把学生培养成创造型的人才。有强烈事业心的教师会反省自己的教学工作，从中总结出自己的宝贵经验，从而在未来的教学工作中取得丰硕成果。

四、健康的心理和性格

和思想不同的是，人的心理不存在对与错、雅与俗之别，人与人之间的交流只有喜欢与憎恨、心理上的远与近之分，没有谁对谁错。

教师与学生之间的互动直接影响着课堂教学的效果。也可以这么说，课堂教学的效果是由教师的心理与性格决定的。教师是课堂教学的总指挥。教师拥有积极的、健康的性格和心理，才能营造欢快的教学气氛，使学生轻松地学习，享受学习的乐趣。相反，如果教师不善言辞，性情孤独，对学生冷漠无情，在这种不健康心理状态的影响下，课堂氛围可想而知。教师不能把学生当作机器来看待，因为学生是有思想、有感情的人。如果教师要想和学生成为好朋友，就要和学生融洽相处，对学生坦诚相待，这样，学生才会把教师当成交心的朋友；同时，教师应尊重、爱护学生，要有博爱的胸怀。有些教师在对待学生的态度上，缺乏爱心，做不到公平、公正，常常偏爱成绩好的学生，忽视甚至歧视成绩差的学生。这样做会导致学生对教师产生反感，从心理上拒绝接受教师，甚至有抵触情绪。所以，在师生交流的过程中，不管是教室里，还是教室外，教师都应尊重学生，关爱学生，讲究礼貌，平等待人。

当今社会，新的信息和知识不断涌入，学生获取知识、信息的渠道不再单一，教师在面对教学中新出现的问题时可能会应付不过来。第斯多惠曾说："要使教育教学工作勃勃有生气，教师必须找到自身最强烈的刺激，那就是'自我教育'。"教师如果忽视自己对自己进行教育，就会对学生、同事以及社会的评价听而不闻、视而不见，无论多少经验、意见，都会在不注意的情况下丢失掉。因此，教师对自己要有清楚的认知，要有对自己进行自我剖析的意识，知道自己的缺点，看到他人的优点，从而不断改正和弥补自己的缺点，取得更大的进步。教师越是知道自己的优势和不足，越要不断地进行自我教育，才能建立起自己健康的心理和人格，拥有让学生欣赏的人格魅力。

综上所述，作为优秀的英语教师，不仅要具备渊博的专业知识、熟练的教学技巧，还要具备良好的人格素质，用自身的人格力量驾驭教学，影响学生。如此，才会使未来的英语教学园地结出丰硕的果实。

第五节　政治教师的人格修炼

政治教师在上政治课的时候，依靠两种力量：真理的力量和人格的力量。真理的力量指政治教师对自己所教的政治理论做到了真学、真懂、真信、真用，并能把自己掌握的政治理论用正确的教学方法教授给学生，使学生产生正确的思想，从而引导或促使学生做出正确的行为。人格的力量是指政治教师用自己的知识、道德、作风、政治品格等潜移默化地影响学生。虽然真理具有巨大的力量，但是政治教师还要具有人格的力量，才能使真理的力量充分发挥出来。由此可以看出，政治教师必须要具有人格的力量并依靠这种力量，在学生中起到带头示范的作用。

一、要具有优良的政治品格

人格是个人在对自己、对他人、对事物等方面的内部倾向性，是个人受家庭、学校和社会等影响而逐渐形成的性格、兴趣、能力、价值观等心理特征，具有很强的独特性。一个健全的人、一个健全的社会，不仅需要经济实力，还需要人格、道德和自己的精神生活。衡量一个国家的发达与繁荣程度不能只看经济增长的数字和指标，还要看到这个国家人民的人格、民族精神、精神文明，等等。健全的人格是 21 世纪的通行证。人格的塑造不是在短期内就能实现的，也不是普通的教学就能完成的；只有自身具有优良的人格，才能培养和塑造其他健全的人格。所以，作为一名政治教师，要培育出优秀的学生，首先自己要具有完善的人格。

在所有的人格因素中，政治方面的品格是占第一位的。政治教师在他的一切言谈举止中都会体现出他的政治品格。乌申斯基说过："教师个人的范例，对于青年人的心灵，是任何东西都不可能代替的最有用的阳光。"政治教师应该在政治思想、个人行为、价值观、品德修养等方面成为学生的榜样。政治教师要有知行合一的意识，首先自己能够做到，再去要求学生做到，这才能在学生中树立威信。比如，教师经常讲要树立共产主义远大理想，自己却没有严格要求自己；对学生讲遵纪守法，自己却经常不按规定时间上课；讲大公无私，自己却见钱眼开；讲诚实守信，自己却弄虚作假。教师这样随意，学生就不会信任教师，不会认可教师的人格，从而对教学的真理性产生怀疑，甚至否定。教师需要做到为人师表，把自己作为学生的榜样，学生才会信服教师，发自内心地接受教师的授课和教导。所以，一名优秀的政治教师需要加强自己的政治鉴别力，加强政治敏感度，坚持正确的政治方向，树立崇高的人生观、世界观和价值观，用自己的言行举止去感染、打动、引领学生；面对拜金和享乐的诱惑，政治教师不能内心迷茫，要能够守住心中的宁静，做到一身正气、两袖清风。

二、要具有扎实的理论知识

政治教师教育学生，不能只是向学生灌输相关的专业知识，而是要培养学生的能力，增强学生的综合素质，使学生具备创新能力、创新意识和创新思维，教会学生学习、做事、谋求发展，走上正确、健康乃至幸福的人生之路。著名爱国主义者和民主主义教育家黄炎培先生认为："职业教育的教学原则应是手脑并用，做学合一，理论与实际并行，知识与技能并重。"当今时代，教育科学技术发展迅速，政治教师不能仅仅只满足于自己已经拥有的知识，要跟上时代的步伐。政治老师在现代社会的教学中，要提高自己的专业技能，具备稳健扎实的教学基本功，精通教育理论，主动地接触、学习新知识，充实自己的思维，还要知道政治学科的发展前沿、政治学科与其他学科之间的关系，扩大自己的政治视野，把最新最实用的理论和最新的思维传递给学生。

明末清初思想家、教育家黄宗羲曾经指出："道之未闻，业之未精，有惑而不能解，则非师矣。"因此，政治教师不仅是学生政治上的领航人，而且还是马克思列宁主义思想和先进文化的传播者，是毛泽东思想、邓小平理论、"三个代表"重要思想、科学发展观，特别是习近平新时代中国特色社会主义思想的正确讲述者和忠实践行者。当今时代，科学技术飞速发展，知识经济初具规模，新信息、新知识层出不穷，稍不更新知识就会落后于时代。所以，政治老师一定要好学不倦，刻苦钻研政治领域的知识、理论和研究成果，具备较强的业务能力；积极探索政治课的教学方法，并不断与同事交流，吸收其他政治教师教学方法的长处，能够把分散的教学方法转换成教学艺术，使课堂气氛活跃起来，使学生的学习兴趣得到激发，乐于接受新的思想；凭借新的知识更新自己的观念，使自己永远和时代同步前行。这样的政治教师在教学时才会引经据典，得心应手，对疑难问题的解答游刃有余，有针对性地告诉学生"怎么看"和"怎么办"；学生也会因此对教师产生深厚的尊敬之情，愿意接受教师对他们的人格塑造和人性升华。

三、要具有无限的爱生之心

唐代诗人白居易曾说道："感人心者，莫先乎情。"人格的力量是以什么为基础的呢？答案是，情感。根据教育心理学的理论，情感是教师与学生之间的催化剂与黏合剂，在课堂上起着事半功倍的重要作用。文学家夏丏尊先生翻译《爱的教育》时曾说过，教育之没有情感，没有爱，就如同池塘没有水一样。没有水就不成为池塘，没有爱，就没有教育。教师对学生教学的力量从情感中产生。教师对学生动之以情，真正做到热爱每一个学生，这是教学过程中的高尚的情感体验，是教师应该具备的心灵素养。

首先，教师有了对学生的热爱之情，主动关心学生，才能知道学生在想什么。每个学生的家庭和成长环境都不一样，所以他们的性格和兴趣爱好也不相同。教师要深入了解学生的家庭背景、性格特点、学习状况、兴趣特长，才能因材施教，对学习能力不足的学生对症下药，促进每一个学生都往优秀的方向发展。

其次，教师有了对学生的热爱之情，才会充分信任学生，尊重学生的人格。同时，学生也会信任教师，尊重教师，向教师说出自己的心里话，这样便于教师有针对性地进行教育。

再次，教师有了对学生的热爱之情，才能营造一个和谐、舒适的学习氛围，使学生的心理都享受着融洽的教学互动所带来的魅力，激发他们的内在潜能和创新意识，使他们的心智得到发展。

最后，教师有了对学生的热爱之情，才会对学生抱有高度的教学责任感，用自己强烈的事业心投入到教育事业当中；才会对教学兢兢业业，精益求精，提高自己的知识素养和教学能力，认真对待每一次授课；才会严格要求自己，注意自己的一言一行，犹如一支蜡烛，燃烧了自己，照亮了学生的心灵，无怨无悔地向学生奉献出自己的一切。

所以，政治教师要在学生中树立道德威信，就要信任学生、尊重学生、热爱学生。政治教师自身要道德高尚，用温暖的感情关爱学生，学生才会产生积极向上的心态，爱戴、尊敬教师。如果政治教师在教学过程中欠缺对学生的关爱之情，课堂就失去了灵魂。政治教师在教学中做到准确的语言叙述的同时如能融入丰富的情感表达，不仅能加强自身的说理性，还能调动学生听课的兴趣，使教学取得生动的效果。政治老师需要运用真情实感热爱学生，学生才会被教师的内心感动，才会在心灵上与教师达成契合。人们常说"亲其师，信其道"，正是此理。

四、要具有执着的敬业精神

在平时的工作、生活和学习中，政治教师一方面要加强自身的人格素养，学习正确的价值观、人生观、世界观等理论知识；另一方面，要通过各种教学方式，让学生接触中华民族传统文化中的精华所在，如：富贵不能淫，贫贱不能移，威武不能屈；明是非，讲礼仪，知廉耻，守信义，重操守等。政治教师在教学过程中，要以身作则，用自己的学识浇灌学生，用自己的人格感化学生，不要泛泛而谈，华而不实。

每个人都希望自己的生活一帆风顺，但生活中总有困难和挫折在我们身边缠绕着我们。当学生遇到困难、挫折甚至被打败时，作为政治教师，应不断地鼓励他们："天将降大任于斯人也，必先苦其心志，劳其筋骨……"没有经历挫折和失败，又怎会有成功？一个人的人格是在挫折中磨炼出来的，没有经历风霜雪雨，人不会知道通往成功的路上有多少困难。政治老师的一个任务就是，帮助学生在遭遇挫折的道路上把困难化为积极向上的动力，使学生的内心中拥有健全的人格和健康的心态。

政治教师要敬业、乐业，对教育事业和学生要有强烈的责任感，教育好自己的学生，对学生的未来充满期待，工作中不为名、不为利，热爱教学，有志于为教育事业奉献自己的一生。特级教师郄禄和曾经说过："一位教师要有解决问题的三种能力，即动力、能力、精力。缺乏动力不想干，缺乏能力不会干，缺乏精力不能干。三者之中首要的是动力问题，而动力则来自对教育的事业心。"所以，政治教师要增强自己的事业心，增强教书育人的荣誉感，才能正确对待奉献与回报的关系，从而为教育事业奉献出自己的精力、能力和情感，受到学生的敬仰，成为学生难以甚至永远不会忘记的模范教师。综上所述，政治教师的人格魅力会影响学生性格的形成和发展。所以，政治教师要做到理解学生的心情，尊重学生的人格，热爱学生和教学事业，与学生建立深厚而又长久的友谊关系，不要用发脾气或发泄负面情绪来建立教师的"自尊"；要不断积累和拓展自己的专业知识，提高教学能力，在课堂上以自己高尚的人格影响学生的心灵，不说空洞的大道理。只有这样，政治教师才能在工作中真正发挥出人格示范的作用。

第六节　历史教师的人格修炼

　　历史教师在对学生进行历史教育时，不仅要引领学生如何做人，还要担任人类历史文明传播者的角色。乌申斯基说："在教育中，一切都应以教育者的人格为基础，因为只有人格才能影响人格，只有性格才能影响性格。"对成长中的学生来说，教师的人格魅力就像灿烂的阳光一样迷人。一位优秀的教师，其本身就是强有力的教育资源。所以，历史教师在课堂上不但要向学生传播历史知识，还要用自己高尚的人格来塑造学生的灵魂，使自己优良的学识和品行在学生的学习和成长过程中起到示范作用。那么，历史教师应该怎样做才能提高自己的人格魅力呢？

一、要有过硬的思想政治素质

　　历史这门学科决定了历史教师的政治方向应该正确而又坚定。历史教学是人文课程的核心，其思想性很强，蕴含着丰富的人文素材、广阔的历史视野和深刻的人类经验，如果组织恰当，运用到位，能够强有力地促进学生人格的形成和完善。所以，历史学科的作用是其他学科无法取代的。历史教师面对学生，不仅要向他们传播历史知识，还要在自身内心中树立强烈的历史责任感，对学生进行中华民族优秀文化和传统美德的教育，进行爱国主义教育。这个过程中，还可以与西方历史的精华部分对比互鉴，以培养学生良好的人文素养和道德品质。同时，历史教师自己也应该拥有正确的人生观、价值观和世界观，这样才能向学生讲述正确的理想与信念，用正面而高尚的人生追求来引导学生成长，使学生成年后成为社会上的有用人才。

二、要有扎实的理论专业基础

当今时代，科技不断发展，知识快速更新，历史教师应该不断补充历史方面的新知识，增长自己的学识，接受新的历史研究成果，积极研究和实施效率高的教学方法，在课堂上活跃教学气氛，提升学生学习历史的兴趣。历史教师还应当主动了解心理学、教育学、政治学、地理学等历史以外的相关知识，把这些知识与历史联系起来，用于教学之中，启发学生的思维，扩大学生的视野。优秀的历史教师更应该具有创新精神，努力创造出新的教学理论。历史教师要做到学识渊博，精通业务，自身具备卓越的口才，以演讲家的素质要求自己，讲课时旁征博引，神采奕奕，从语言上感染学生，从学识上使学生产生敬佩之情，这样才能提高历史课的教学质量，使教学效果事半功倍。

三、要有诚挚的爱生之情

越来越多的人意识到了情感在教育教学过程中是非常重要的因素。因此，历史教师在教育过程中必须要做到热爱学生、耐心教育学生、严格要求学生。如果历史教师在教学中忽视对学生的情感关怀，那么历史课教学就没有了灵魂。同时，历史教师应该有正直的人品，对待学生一视同仁，没有等级的区分，对学生坦诚相待，尊重他们的人格，与他们和谐友好相处，了解他们不同的性格和兴趣爱好，与他们进行心灵深处的沟通，使他们拥有强烈的求知欲和研究精神。只有这样，学生才会与教师在内心中产生默契，与教师亲近，愿意听教师授课，教师的教学过程也就能顺利进行下去。

四、要有执着的奉献和敬业精神

对当今社会存在的拜金主义等不良风气，有些教师心态不平衡。这就要求教师心态端正，具备执着的奉献和敬业精神。历史老师应该怎么处理好奉献与回报、苦劳与快乐的关系呢？那就是，要不断增加自身对学生的责任心、对历史教学的事业心，不图名利，不羡慕外面的繁华世界，把教育事业当作快乐的事情，心甘情愿地为教育事业奉献自己的一生。只有这样，才能在学生面前树立教师的威信，得到学生的钦佩。

五、要有很强的现代意识和创新能力

教育事业日益发展，对历史教师的素养产生了新的考验。在当今这个日新月异的时代，要在社会上立于不败之地，做好一个称职负责的历史老师，需要有很强的创新精神和研究能力。他们应该勤于思考，同时还要勤于动笔，与时代的发展同步前行，才能使自己由教书的"机器"转变成才华横溢的学者。历史教师还要提升自己的道德修养，自觉遵守法律，与同事友好合作，公平公正地竞争，积极关心教育的改革与发展，尊重学生在思维方式上、发展过程中的差异，让学生按照自己的特点在愉快中学习和创新。

第七节　地理教师的人格修炼

一名合格的地理教师，要引导学生学会自主学习，研究地理问题，与同学们互相探讨；要指导学生开展地理考察、地理实验和地理专题研究等课程活动。

面对这样的要求，我们的地理教师在教学过程中应该如何扮演好自己的角色？

一、必须树立终身学习的观念

地理教师必须树立终身学习的观念，提高自己的专业素养，关注社会的热点问题，以适应瞬息万变的现代社会。

首先，地理教师要学习新课标，因为新课标是地理教学的根本。在教育教学过程中，地理教师要根据新课标教授给学生地理基础知识和专业技能，指导学生运用知识总结出规律，解决生活中的实际问题。

其次，地理教师要学习教材，因为教材是地理教学的基础。地理教师应该灵活地、富有创造性地使用地理教材。如果地理教师发现教材编写的内容和框架不适合学生学习，可以采取补充、整理、改编等方式解决这个问题，让学生学得明白，事半功倍。此外，地图是地理教学中另一个不可缺少的部分。地图有很多种类，其中，有描述经济特征的地图，如交通图、工业图、农业图和人口图等；有反映自然地理要素空间分布及特征的图，如气候图、河流图、地形图和自然带图等；有统计图、曲线图、柱状图、坐标图、扇形图；有形式多样的日照图；还有景观图等。地理教师在面对这些多种多样的地图时，首先要教学生如何看地图，其中包括读地图的名称，读图例，了解这幅地图表达的时空规律、区域位置、季节气候等。在读坐标图时，教师要引导学生明确横坐标和纵坐标代表的地理要素。地理教师在教学过程中要培养学生读图、分析地图、用地图解决地理问题的能力。

二、要成为先进的地理思想建设者

地理教师作为思想建设者，体现在两个方面：一方面，地理教师自身要有独立的思想，不能受其他负面思想的干扰；另一方面，地理教师要培养学生的思维能力。教师是培育人才的职业，那么首先教师自己就必须要有独立的思想，有解决专业问题的智慧，有处理教育问题的头脑。如果地理教师要教育出具有创新精神的人，那么他首先自己应该是一名思想建设者。

地理教师的心态应该乐观向上、充满阳光。地理教师在教学过程中应该与学生相互交流，相互学习，相互启发，打成一片，彼此分享自己对地理知识及规律的思想与见解，从而实现师生之间的共同发展。地理教师内心中要拥有高尚的品格，树立正确的人生观，不断提升自身的内涵。久而久之，教师会以自己的学识和人格魅力感染学生，使校园成为一个安乐、祥和、师生和睦相处的美好环境。

地理教师要时刻关注社会热点问题。在教学过程中，地理教师要发扬理论联系实际的精神，把教材上的地理知识应用于实际，解决生活中常见的问题。因为一个人不管未来从事什么职业，他都要具备一定的地理知识。比如，建设一个工厂，我们要考虑市场、交通、原料等因素；做与农业相关的工作，我们要考虑如何合理安排农业生产，怎样做到因地制宜；经商的时候，我们要研究商品的流通、不同地区人们的生活习惯、资金的周转等；在建设交通设施的时候，我们要注意人流、物流、不同地方的地质构造等；在进行经济建设的时候，我们要研究不同区域的潜在优势和有利资源，做到可持续发展；在开发和利用资源时，我们要注意保护生态环境，适度开采。教育就是要把教材上的枯燥的知识转化成情感去感染学生的灵魂。目前，人口、资源、环境与发展之间的问题日益明显，形势严峻。教师是塑造人类灵魂的设计师，地理教师在教学过程中应该培养学生形成科学的可持续发展观念，让学生有意识地在日常生活中做到保护环境，节约资源，正确引导学生认识人与地理环境是密不可分的关系。所以，人类必须禁止那些只顾眼前利益、不顾长远利益的行为，反对严重破坏自然环境和资源、过度放牧、滥伐森林、无节制抽取地下水和占用农田、滥采滥用矿产资源等做法，防止全球性的地面下沉、耕地迅速减少、气候恶化、土地沙化、淡水资源缺乏等现象发生。

总而言之，地理教师一定要扮演好自己的角色，在教学实践中总结经验，从而更好地做好教学工作，把学生培养成有用的人才。

第八节　生物教师的人格修炼

学会求知、学会生存、学会发展是学生的重要任务，也是衡量其学业合格与否的基本标准。提高学生的生物专业知识，培养学生的生物专业素养，增强学生对生物世界的研究能力，是生物教师教学的根本任务。这就要求生物教师需要具备一定的学识、良好的道德和价值观，这样才能更好地完成教学任务。

一、深入研究教材的能力

现行的生物学教材有不同的版本。虽然各种版本的教材在编写时都以课程标准为依据，但在编写思路、内容设置、侧重举例等细节方面又各具特色。由于某些原因，学校在选用教材上不一定具有连续性，可能两种版本的教材同时被一位教师使用，而且各种版本的教材对生物学的主题在每一个年级的分配上稍微有一些差异。这就要求教师在教学时要以课程标准为依据，全面分析教材，把握好每一个教学目标，防止在教学中出现断层，给学生吃"夹生饭"。为了有效教学，教师可以从以下几个方面研究教材：（1）把中学全面的教育视野和生物这一课程的科学视野结合起来；（2）着重提高学生的生物科学素养；（3）不仅要理解教材上的知识，还要超越教材，从教材中挖掘出潜在的信息，并且吸收教材外的知识；（4）从知识、过程与方法、情感态度价值观这三个维度展开。

二、研究教学方法及策略的能力

新一轮的课程改革，给教师的创新工作提供了广阔的空间，给教师带来了教育内容、教育理念、方式方法等方面的极大变化。如何开发课程内容，如何指导学生的探究性学习，如何有效提高小组讨论问题的效率等，没有直接答案可供参考，只有教师自己来探索。在教学实践中，生物教师要注意以下4个方面：（1）积极主动地参与教学培训，并自我反思教学过程中的成功与不足之处，总结教学经验；（2）大胆突破固有的、传统的、形式化的课程范式，上出具有自己独特风格的课；（3）促使学生独立自主地找到适合自己的学习方法；（4）把自身的日常生活与社会现实联系起来，具有创新意识，开发出具有学科特色的课程资源。这些意识的强化都需要教师的集体研讨。教师之间必须加强互动，包括同年级同学科、不同年级不同学科之间的教学研究，才能充分发挥集体的作用。研究之后，不是简单复制他人的教学方法，而是结合自身的实际情况予以改进或选择更好的教学方法。

三、熟练应用现代信息技术的能力

随着时代的发展，电脑已成为学校教学的必备工具。在生物学科中，我们会从教材中接触到五颜六色的植物、不同种类的动物和美丽的自然风光。这些事物需要用屏幕展现出来，让学生直观地感受，而不是仅凭头脑想象和口头叙述。要重视并发挥电脑的作用。植物的蒸腾、呼吸等成长过程，动物的形态、运动、生活习性等，都可以通过电脑软件制作成课件，向学生展示出来。电脑的应用，可以大大提高生物课的授课效果，增强学生对生物课的兴趣。

四、有效组织探究活动和动手实验的能力

现代社会非常强调学生的能力培养，所以教师在教育教学工作中要勇于创新，有意识地组织一些探究活动，因为探究活动是提高学生思维能力、动手能力的有效方法。在探究过程中，教师对学生的适当点拨、更正，对于顺利完成探究活动尤为重要，绝不可图省事而放任自流。生物学中的科学知识需要设置生物实验来简单验证，在做实验的过程中，要注意操作的规范性，这会对实验结果产生直接影响。如果操作步骤有错误，那么轻则知识验证会出现偏差，重则会导致实验结论错误。所以，生物教师进行实验教学，要培养学生科学严谨的试验态度、思维能力和动手能力。教师自身的实验技能如果达不到相应的标准，势必会影响学生的学习效果。

五、调动学生学习积极性的能力

在教学过程中，需要调动学生的主观能动性，让学生积极学习，主要原因有：（1）教材知识的系统性不太明显，大都是一些探究性、实验性或实践性的内容，看起来浅显易做，可要做好却并不简单，因此教师在授课时需十分用心，才会达到预期效果。（2）生物学给学生的学习压力相对小一些，学生的学习主动性相对不足。让学生愿学、乐学便成了生物教师组织教学的首要任务。另外，教师需要增强自己的学识和素养，提高自身的人格魅力，以此吸引学生的学习兴趣。教师的人格魅力来自教师自己善良的内心，来自自己教书育人的执着精神，来自深厚的学科素养，来自对学

生的慈爱之情。

六、良好的心理素质

从本质上讲，生物学科是人类生活的基础性知识。它大可联系到国计民生，小可涉及到学生卫生习惯的养成和良好的饮食起居等，再小到人类每一滴水、每一粒粮食、每一片净土。它关系到学生能否成长为一个合格、健康的公民。以上无不涉及最常见、最普通的生物学知识。但是，初中生物学地位却不太乐观，导致学生对生物学投入的时间及精力不足，学生初中阶段生物学知识基础打得不够扎实。这不仅会使学生在高中学习生物时知识出现薄弱环节甚至断层，而且也会影响学生走向社会后应用生物学知识对生活中的常见现象解释不到位。生物教师要调整心态，拥有宽广的胸怀，要付出比其他学科教师更多的心血，在逆境中求发展，创造性地开展工作，不讲报酬，不计名利，促进学生全方位发展，成为学生健康成长的领路人。

综上所述，生物教师处在新课改这一关键时期，要明确自己的角色定位，增强自己各方面的能力；对教材、对工作要有敏锐的意识，具有创新的思维，超越旧有的教学模式，发现教学过程中出现的问题，研究出解决方法；要善于建立良好的生物课气氛，调动学生的主观能动性，让学生主动地学习，帮助学生学会提出与专业相关的问题；要不断充实自己的知识，更新观念，使教育教学往良性的道路上发展；要从科学发展观、创造和谐社会以及建设生态文明、保护地球家园的高度考虑，以良好的心态及高度的道德修养，努力做一名优秀的生物学教育工作者。

○ 顺学而修，顺教而炼：优秀教师的人格力量 ●

第九节　物理教师的人格修炼

一、爱自己的职业

当前，物理教学处于发展与改革的阶段，急需一支爱岗敬业、为人师表、学识深厚的物理教师队伍。作为一名优秀的物理教师，首先必须要热爱自己教授的学生，热爱教育这一行业。苏联教育家伊凡·安德烈耶维奇·凯洛夫（Ivan Andreyevich Kairov，1893—1978）说过："谁要没有强烈的感情，就不会有强烈的志向，也不能够热烈地把这个志向体现于事业上。"所以，教师必须热爱教育，以培育出优秀的学生为自己的天职，才会有对教学的奉献精神。教师对学生、对教育的奉献精神越强，热爱事业的情感就越深，越会促进学生向优秀的方向发展，也会极大地成就教师所从事的事业。

二、不断更新教育理念

21 世纪的信息纷繁多样，信息技术改变了信息资源的传播与分布方式，人们很容易就能获取信息，可以根据自己的爱好选择信息。在这种情况下，教师与学生之间的地位悄悄地发生了变化，学生也会掌握相关专业的许多信息，以往教师凭借知识或信息的优先获取乃至独家享有所形成的权威性将逐渐下降。因此，教师的教育观念应当跟上时代的步伐。教师和学生的角色定位应该如何转变呢？教师的教学要注重对学生自主学习能力的培养，教师要使用信息技术强化自己的学识素养、开阔自己的眼界，学生要从单纯的被动听讲转变为主动地从多渠道获取信息来学习。只有学生的学习能力得到极大提高，才能符合现在信息时代的要求。

新的环境、新的情况带来了新的问题，当然也带来了新的思路和新的解决办法。新的教育理念由此产生，教育改革在探索和实践中前行。

教育教学在改革的过程中会产生新的教育观念，这种教育观念应当逐渐完善，在教育教学的实践中发挥作用。

只有爱学习、爱深究的教师，才能培养出主动学习、研究问题的学生。只有具备创新思维、有独特个性的教师，才能培养出思维独特、不拘泥于固定模式的学生；只有重视师生之间和谐互助、互相学习、共同进步的教师，才能营造和谐的教育教学氛围。

综上所述，当代的素质教育对物理教师的专业素养具有较高的要求，要求物理教师能够接受教育改革的新理念。物理教师应该抛弃旧有的教育观念，不要有为教书而教书的思想，应该提升自己的专业知识，不局限于教材中的知识，从物理学科的角度帮助学生适当扩充视野，引导学生解决生活中物理方面的问题，做一名新时代称职的物理教师。

1. 努力做一个学习的人，别让自己成为新文盲

知识，凭借一支粉笔、一块黑板，展现在我们眼前。物理教师经过了以前安稳、悠闲的教书生活，在新课改后拿到了新的教材，一方面对新教材上的新知识感到有所欠缺，或者不知道该如何把握；另一方面，对新知识可能还有一种排斥的想法。相当数量的教师都留恋以前的教材，认为旧教材编排体系合理，新教材编排体系让人无法理解。

现代社会信息多元化，教师进步的唯一途径是不断地学习。当前，有些教师不愿更新专业知识，只满足于教材上的有限的知识；有些教师不关心当前的教育政策、教学形势和改革的趋势，不了解世界各国教育的不同理念。其实，从小学、初中到高中，教师不仅有教学内的工作，还有教学外的活动，工作的负担非常沉重，学生们的学习也很辛苦。所以，从表面上来看，教师没有时间给自己充电。这样的恶性循环导致教师的学识素养停滞不前。实际上，教师忽视学习的原因不是没有时间，而是缺乏求知欲，没有继续乃至终身学习的习惯，没有吸收新鲜营养的渴求心态。为了让教师热爱自我学习，需要教师把精力放在钻研教学上，思考如何促进学生提升学习成绩，德、智、体、美、劳全面发展，同时不要承担太多的教学外活动。教师们要明白，学习是提高自我涵养的方式，做到终身学习。物理教师可以利用课外时间多看一些物理专业方面的书籍，浏览一些知名的物理网站，翻阅一些物理专业的杂志，知道物理专业目前的学术动态是什么以及有什么新颖的理论观点。

2．学什么

首先，物理教师要认识到在当前社会如何进行教育改革与发展，它有什么样的政策，这些政策体现了怎样的现代教育理念。

其次，物理教师要补充专业知识，了解物理专业发展的历史，知道现代物理学术的前沿领域，而且还要有最基本的信息技术的素养，能够运用信息技术解决物理专业的各种问题。

再次，物理教师需要扩大自身的知识视野，广泛阅读历史、政治、文学、艺术之类的人文学科。

最后，物理教师有必要学习一些哲学知识，这样可以提高自身分析问题、解决问题的能力。

3．怎样学

物理教师教学任务繁重，在职学习的时间不够充足，所以，不一定非要去"啃"大部头，更不要一味寄希望于脱产学习；而是要日积月累，循序渐进。学校要为教师业余时间的学习提供相关的专业书、工具书和网络资源，为教师随时查阅专业知识提供方便。教师应当剖析自己的需求，了解自己的兴趣关注点，循序渐进地学习。教师可以用电脑收集书籍、网络、杂志里的专业资料，根据规律汇编成自己的资料库，以此促进个人专业成长。同时，物理教师还要组织和参与物理专题的学习，与其他教师研讨专业问题。

（1）多阅读理论书籍，从物理杂志和物理教学期刊中更多地学习物理学知识

经常浏览网络、阅读书籍，能让自己对所处社会的发展变化保持好奇心，从而使自己获取新知识，使自己可以和好学的学生展开知识和理论的交流，并且解答学生提出的问题。物理教师还可以就娱乐新闻、国际时事、体育盛事等学科外的信息与学生交流，增加师生之间的互动，融洽师生之间的感情。教师也可以阅读经典著作，思考经典中的哲理，从而提升自己的人格魅力，以此在无形中影响学生。

（2）主动向教研专家和同事请教，在教学活动中学习他人的优点

教师的自身素养的提升、敬业精神和对教育教学的钻研和反思有助于教师在本专业的进步。另外，与教研组的同事多沟通，多交流，可以帮助教师自身成长。教研组是教师活动的组织，教师在教研组可以与同专业的教师互相探讨专业知识、备课、批改作业，有助于教师们交流感情，共同提高自己的专业素养。

4．教师要树立终身学习的观念

教学相长，教师必须"教""学"同时进行，把"教学生"与"自己学"有机结合，不断吸取营养，充实自己，把阶段性的学习转变成终身学习。现在的物理教材不管是在课程内容方面还是在理念方面都体现着物理与社会生活的联系，和以前的教材比起来，新教材扩大了物理知识面，加入了许多新时代、新科技的内容，从而帮助学生扩大物理知识的视野。物理教

师拿到新教材，面对陌生的新内容，如果没有业余时间对自己的专业知识进行积累，在学生提出疑问时，就会不知所措。所以，教师要不断地给自己充电，更新专业知识，跨越学科界限，提升教育智慧。这样，才能成为一名真正符合新课程标准的物理教师。

三、培养自身的创新能力

新课标制定了学生应该要达到的基本要求，物理教师可以根据新课标带着创新意识在属于自己的舞台上尽情施展。学生在快乐中学习是最好的状态，教师应该也可以使枯燥乏味的物理知识变得更有乐趣. 比如，把教材中的公式、概念、素材、示例与教师自己或者学生的生活环境联系起来，设计出贴近生活的教学课程。这样的教学生动有趣，促使学生在上课时做到注意力集中，通过活跃课堂气氛来提高教学效率。

四、积极参加教育科研，努力成为教学的研究者和实践者

教育科研有利于提升课堂的教学质量，因为它研究教学手段、教育方法和对学生情感的激励等，可以促进教师反思自己在课堂教学中有什么不足的地方，反思自己在与同事的交流中自己的言谈举止有什么不当之处，让教师与教师之间、教师与学生之间以及学生与学生之间拥有更加融洽的氛围。

20世纪70年代，斯腾豪斯提出："教师即研究者。"这一说法催生并推进了行动研究。行动研究是在实际社会情境中以解决实际问题为目的的研究，研究人员进行合作，将社会情境中的问题作为研究主题，从而进行系统的研究。这一过程包括计划、实践、观察、反思四个步骤，其特点是在生活中实践，并不断反思实践中的优点与缺点。

物理教师有一个工作特点，那就是要收集和整理物理专业的信息，并

把这些信息和教学工作紧密地结合起来，把教育教学过程中遇到的问题转化成研究课题。如何观察和发现并不断收集教育教学工作中的一手资料，如何利用这些资料中反映的重要信息，如何从这些资料中发现问题来进行研究，都是非常重要的。物理教育的研究课题有多方面的来源，课题的内容分布也非常广泛。具体说来：一是在自己的教学实践中、在与学生们的交流中发现问题；二是通过阅览物理专业的相关文献发现问题；三是参加物理专业学术会议，与同行展开专业研究；四是向物理专业的专家咨询当前物理学科发展的现状和学术前沿动态；五是考察社会发展对物理教育改革有什么要求，从而产生相应的物理研究课题。实际上，学生在课堂上对教师提出问题的回答、他们的言谈举止、完成的作业、考试分数以及课外阅读书籍等都可以作为重要的课题研究。教师要学会从看似不起眼的现象中挖掘出有用的、值得研究的信息。

物理教师还要时刻提醒自己，要善于捕捉在工作中产生的思维灵感。一位勤于、善于和乐于思考的教师，有时会在工作中或生活中灵光一现，所以教师要把一时的灵感带来的新想法马上记录下来，这有助于提升自己的事业。教师应该经常在教学过程中把自己的所思所感和学生在学习过程中产生的创新性的想法整理出来并写成论文。撰写研究论文是对课题研究的综合陈述，包括解释、过程、成果等。研究论文的语言应当准确、通顺、有说服力，让他人一看就明白论文表达的内容，从而使研究成果更好地得到推广。

五、努力拓展发展途径，促进教师专业化水平的提高

物理教师应该不断拓展教师发展途径。比如，教师可以参加物理专业学术会议，参加市县举办的教研活动，参加高一级学历进修。

物理教师要通过业务进修来提高自己的专业水平。首先，教师是一种

面向未来的职业，要不断更新自己的专业知识，还要有创新的意识，能够接受新鲜事物；其次，教师要不断扩宽自己的专业知识面，才能符合新课标提出的教学要求，适应从旧教材到新教材的变化，面对学生的提问才能得心应手；再次，加强专业学习的深度，针对某一专题往里面钻研、挖掘；最后，加强理论与知识的运用，把自己获得的知识用到生活实处，教会学生运用学到的知识在生活中解决实际问题。教师在提高专业化水平的同时，需要做好如下几个结合：理论与实践结合，口头授课与动手实验结合，校内学习与校外交流、访问结合。

六、重视教师专业发展的规划

教师个人专业发展具有整体性、全面性、终身性和持续性的特征。它涉及诸多因素，如：个人因素、组织因素、外在环境等。只有把各种因素都有效地整合起来，教师的个人发展的机会才会更广阔。教师制定自身的发展规划，需要明确以下几点：正确认识自我的优点和不足之处；分析与专业有关的资料，从中研究出自身发展的机会；确定自己的发展目标，制定将来的行动策略；按照个人制定的目标逐步前进；评价制定的发展计划的优点和缺点。

七、积极反思

反思就是个人站在客观的角度考察自己思想和行为的过程。反思应该不间断地进行。它要求教师细致察觉到课堂教学的问题，强调教师要监控、回想、分析自己在教学中的行为，通过科学的、系统的分析和研究，改进自己的教学策略和手段，进行新的教学实践，从而提高教学质量。

美国心理学家波斯纳提出教师成长的公式：经验＋反思＝成长。他指出，没有反思的经验是狭隘的经验，至多只能形成肤浅的知识。如果教师对经验没有深入地总结，没有发现现象背后潜藏的规律，仅仅满足于获得表面上的教学经验；那么，这会极不利于他未来的发展。教师的专业发展，在一定程度上来说，是一种自我反思的过程。反思，有助于教师把自己的教学经验和教学理论结合起来，从而使自己的专业技能得到大幅度的提升，使自己的教学质量得到提高。

为了描述反思的过程，科顿和斯巴克斯·兰格提出了一个教师反思框架：（1）教师关注一个本专业的专题，从学生、课程等方面收集这一专题的资料。（2）教师把收集来的资料整理并分析，对自己进行提问来帮助自己理解。教师在给自己提出问题后，就要寻找与这一问题相关的信息。如果不容易寻找到信息，就阅读相关的书籍或者向自己身边的本专业教师请教。根据这些搜寻的信息研究得出的结果可以帮助教师形成新的解决办法。（3）对问题的解答有了清晰明朗的想法之后，再为自己的实际行动建立一个预先的假设，同时要分析这个行动能够达到的短期目标和长期效果。（4）当教师研究出每一种行动产生的效果后，就正式开始实施。当这一行动再次被分析和研究时则表示新的循环开始。

反思有很多方法，教师可以写教学日记，描述一天的教学情境，然后展开自我反思、自我分析；或者了解学生对教师教学的建议，与其他教师互相交流，讨论彼此教学过程中的成功与不足。教师还要将自己反思中总结的经验教训运用在新的实践中。一位物理教师如果想追求成功，那么每一堂课对他来说都是难得的机会和体验，他可以在每一次实践中进行反思。教师会面对不同的学生，并且每一个学生都有自己的个性，教师在与每一个学生交流、问答的过程中，甚至在教学冲突中，都可以产生新的思考和反思。教师要充分发挥自己的主观能动性，开展实践活动，时刻进行自我反思，捕捉教学过程中对自己影响较深的例子并记录下来，在反思中学习，在行动中研究，在经验中成长。

第十节　体育教师的人格修炼

　　教师不仅要培养学生的学习能力，还要引导学生的人生之路。教师是一个特殊的职业群体，体育教师担负着多种任务，既要培育学生的身体机能，又要塑造学生的灵魂，既要教授运动技能，又要传播体育文化。体育教育的成败涉及多方面的因素，如：职业理想、职业责任、职业作风、职业技能、职业态度。为了实施素质教育，解决体育教育面临的诸多问题，必须全面提高体育教师的综合素质。教师对学生的影响是非常巨大的，尤其是在人格方面。学生经过人格健全的教师的熏陶，可以感受到人性美好的一面，进而成为一个积极向上的人；但是，学生也会从一名人格不健全、修养较差的教师身上过早感受到人性的丑陋，甚至因此对自己的未来丧失信心。有的教师虽然认真负责地给学生教授专业知识，但是他们同时又对学生进行言语攻击，伤害学生的自尊。其实，不管教师是在课堂内的所作还是在课堂外的所为，无时无刻不体现着对学生的教育、产生着对学生的影响。无论这个教师有什么素养，都会在学生的内心中留下深刻的记忆。所以，虽然体育是副科，但是体育教师也要加强人格修养，从内心深处对学生产生热爱之情，在面对学生的调皮捣蛋、无理取闹时，体育教师要学会控制自己的情绪，严格而又耐心地教育学生。

一、体育课程教学的特点

身体训练是体育课程最主要、最基本的教学内容，它是通过科学的体育锻炼和正确的体育教育，提高学生的健身运动技能，加强学生的团队参与意识，促进学生身心健康，形成良好的社会适应性的教育过程。体育教学是教师通过自己的语言表述和身体示范，再由学生实施的模仿练习来完成的，这是特殊的互动式教学。在体育课上，教师与学生的互动更为紧密，更为深刻，更为生动直接。体育教师向学生示范、讲解，教会学生运动技能，并纠正学生在锻炼过程中的错误动作；通过自己对体育的讲解示范让学生产生更多的体育热情，使学生在体育教学中感受到乐趣；通过竞赛的方式提高学生的竞争意识，让学生直观体验成功的感觉；通过自身的道德品质和坚强毅力培养出学生刚健勇敢的品格。体育学科的内涵丰富，外延宽广，体育教师对学生提出的有关锻炼身体、生理卫生、身体健康、体育历史、精神人格塑造方面的问题，要做到能够答疑解惑。

二、体育教师应塑造自身人格魅力

1. 塑造品德魅力

与其他学科相比，体育教师是用自身的运动演示和通过组织活动来对学生进行教育。体育教师的各种思想会在他们的口头语言和肢体动作（这也是一种语言）中表现出来。教师平时说出来的话，做出来的事，都会被学生看在眼里，对学生产生正面或负面的影响，这种影响甚至会伴随他们一辈子。所以，体育教师应该爱国守法、团结友善、勤俭自强、敬业奉献，在学生面前展现出自己的道德品质，为学生树立榜样，使学生对教师产生敬佩、尊敬的心情。

2．塑造学识魅力

时代是向前发展的。在知识经济时代，知识需要更新才能推动创新进而才能促进经济发展、科技进步。教师作为社会中的一分子，必须具有鲜明的创新意识。新时代的人才应该具有开拓进取的精神，一专多能，通专结合，既是应用型人才，又是复合型人才，能够独当一面。所以，教师的形象和作用要不断更新，新时代的教师要与传统的教师有所区别。今天的体育教育不只是像以前一样，要求学生跑步、做操，传授一些运动技能；还要对学生进行多项运动技能的培训，增强学生的品德修养，促进学生心理健康、身体健康，使他们具备社会适应能力。体育的外延广泛，有食品营养、医疗卫生、心理教育、社会适应等多学科内容，这给体育教师提出了更高的要求，他们不仅要有过硬的体育基础知识，还要有广博的科学素养。体育教师要学习教育学、心理学，要有利用计算机的意识和技能，在网络上搜寻与体育相关的各种内容，扩大自己的视野，启发自己的思维，在教育教学中提高教学的艺术性。体育教师要树立终身体育意识，及时更新、积累体育知识并教授给学生，让学生在日常生活中把学到的知识和生活实践结合起来加以运用。

3．塑造技能魅力

（1）塑造运动技能魅力

体育教师的运动技能应该高于一般人。体育教师正确的示范动作可以使学生对教师产生信服的感觉，激发他们锻炼身体的热情。体育的动作要点、锻炼方法、动作错误纠正、教学组织等与教师自身的学科知识和运动技能是密不可分的。体育教师的工作除了教学，还有组织学生展开体育活动，在学生枯燥的日常学习中活跃学校生活。这就要求体育教师既要有深厚的专业知识，又要有多方面的能力，提高自己的运动技能，给自己塑造健康的体魄，在学生面前展现出体育教师应有的素质。

（2）塑造教学技能魅力

体育教师的教学技能主要包括运用组织教学的能力、教法手段的能力、控制教学情绪和营造教学氛围的能力。当前，素质教育已经在全国范围内展开，深入到了每一所学校，体育教学的内容以最基本的运动技能为主，所以就删除了一些高难度的运动技能。在这一形势下，体育教师的教学技能就显得尤为突出，这就要求体育教师不仅要钻研体育教材，还要运用现代化的教学方式，把自己的学习体会与生活经验结合起来，在教学中坚持以人为本，以学生为主，在教学过程中，多采用生动、活泼的方式，活跃课堂气氛，调动学生的运动激情，使不同体质的学生在体育课上都能得到运动的乐趣。

（3）语言表达魅力

语言是教师的特殊工具。在教育和教学中，所有的教师都需要最基本的语言表达能力。教师在课堂上讲学的时候，语言越文明，学生越会尊敬他，也就越会喜欢上他的课。所以，教师在语言方面要讲究规范、彬彬有礼、抑扬顿挫，用自己文明又优美的语言感染学生，使学生热爱祖国的语言，正确地运用祖国的语言。在教学过程中遇到突发事件时，比如，有学生违反了课堂纪律，教师一定要注意语言问题，千万不要脑子一热，把难听的话都倾泻出来。如果教师没有控制好情绪，之前竭尽全力营造的良好的课堂气氛就会崩塌，教学任务就不能顺利完成。当教师遇到课堂纪律混乱时，应该先冷静下来进行妥善处理，必要的时候，可以严肃批评学生，但是要尊重学生的人格，不至于让学生对你产生反感。教师自己也是人，也会有这样那样的缺点，当有学生直接指出教师教学过程中的失误时，教师应该虚心接受学生提出的意见，与学生冷静、文明地交流，这样，学生才会感受到师生之间的融洽气氛，会对教师产生尊重；这样处理也可以促进教师自身专业素养的提高，从与学生的交谈中知道应该从哪方面搜寻资料，找到自己的盲区。体育这一学科的教学目的是要教育出身强体健的学生。所以，体育教师要把自己当作为学生送去身心健康的使者，兼顾美与力两方面的魅力。体育教师无论是在运动技能等外在方面，还是在言语、思想等内在方面，都应该成为学生效仿的对象。体育教师要培养并展示自己独特的人格魅力，在学生中树立威信，让学生跟随自己共同在欢乐中学习，引导学生积极而科学地锻炼自己的体魄，增进自己身心的健康，高效率地完成各项学习任务，让学生终身受益。

第六章

名师人格教育案例

第一节　爱，是成为教师的前提

虽然不同时间不同地域的教育家有着不同的教育思想和教育风格，但他们有一个共同点，那就是对学生充满了爱。从某种意义上来说，爱就是教育的本质。孔子说："爱之，能勿劳乎？忠焉，能勿诲乎？"美国哲学家、教育家罗素（Bertrand Russell，1872—1970）说："凡是教师缺乏爱的地方，无论品格还是智能都不能充分地或者自由地得到发展。"苏霍姆林斯基说："我把整个心灵献给孩子。"从微观的角度来说，教师的爱会影响学生个人的成长和发展；从宏观的角度来说，教师的爱具有十分深远的社会意义。

教师面对的是尚未或即将走进社会的儿童和青少年，一般而言，他们的意志不够坚强，生活的风雨很轻易就能将他们击倒，人生的跌宕起伏更有可能将他们拖进深渊。如果教师只把知识传授给学生，教育就会显得唯利是图。只是将知识传授给学生的教师不算是合格的教师，更不是优秀的教师。有一位著名的教育家曾说过，教育的艺术不在于传授知识，而在于激励、唤醒、鼓舞。教师确实需要把书本知识传授给学生，伛更重要的是，教师要帮助学生树立正确的世界观、人生观和价值观。

要想成为一名优秀的人民教师，就必须做到这一点，一定要用真情换来真情，用真心触碰真心，用人格影响人格，为学生的心灵注入美好与希望！

【经典案例】

苏珊是一个正在读一年级的小女孩，她可爱、漂亮，始终充满天真与活力。忽然有一天，苏珊没有任何预兆地晕倒了。她被送到医院后，医生从她身体里发现了一个大肿瘤。经过确诊，那是恶性肿瘤，也就是癌症。为此，苏珊住进了医院，遭受了许多痛苦。经过三个月的治疗和手术，苏珊的人生终于迎来了曙光——她的病情稳定了。

苏珊能感受到大人们的情绪有所放松，也渐渐觉得自己的身体好了不少。于是，终日被困在医院里的苏珊有了一个想法——她要去上学。可随之而来的，是另一个烦恼。原来，因为化疗，苏珊的头发全都脱落了，一个光光的、和别的小朋友不一样的脑袋对于一个才上一年级的小朋友来说是残酷的。苏珊有点发愁，以后该怎么和老师同学相处呢？他们会不会嘲笑自己呢？自己已经没有原本那头漂亮的金发了，现在可不太好看呀！

听了苏珊的烦恼，妈妈想了想，然后从商店里带回来一顶帽子。苏珊非常高兴，爱不释手，一刻也舍不得离开它。可惜的是，那时还不是冬天，几乎没有人戴帽子，如果苏珊成为那个唯一戴着帽子的人，反而会引来其他人的视线。到那时，可能会有人对着她指指点点，甚至可能有调皮鬼直接掀掉她的帽子，就为了探索帽子下的秘密。

烦恼一个接一个，苏珊甚至开始有点后悔自己之前的想法了，毕竟谁都不想被别人嘲笑。苏珊的老师安娜却不停地为她加油打气。安娜常常来探望苏珊，并不止一次把同学们的心意传达给她：每位同学都期待着在学校里看见她的身影。

在安娜老师的鼓励下，苏珊决定遵循自己内心深处最真实的想法，鼓起勇气，回到学校。当她来到教室那扇熟悉的大门前面时，一种莫名的力量阻止了她的脚步，头上的帽子似乎一下子变得轻飘飘的，泪水不停地在她的眼中打转。

这时候，教室的门"吱呀"一声开了，安娜老师从教室里走出来，她温柔的笑容似乎抚平了苏珊内心的涟漪。不知不觉中，苏珊牵着安娜老师的手，跟着她一起走进了教室。望着眼前的一幕，苏珊感到十分惊讶，因为她发现，眼前的同学们通通都戴着帽子，大家的帽子五颜六色、稀奇古怪、相映成趣。

置身于戴着色彩缤纷的帽子的同学中，戴着普通帽子的苏珊仿佛隐身了一般，再也引不起他人的注意。这一下，苏珊的心彻底平静了，原本笼罩在她身上的阴影一下子消失不见了。她看着大家漂亮、新颖的帽子，忍不住露出了灿烂的笑容。

这一切究竟是怎么回事呢？原来，善良而充满爱心的安娜老师将心比心，深切地捕捉到了安娜的担忧。她冥思苦想，绞尽脑汁，终于想出了一个办法，既可以帮助安娜重新回到大集体中，又可以对班上的同学进行爱的教育。

苏珊返校前夕，安娜老师召集同学们，对他们说："下周一，苏珊就要回到我们身边，回到这个大家庭中来了！为了帮助离开了三个月的苏珊尽快融入大家，我希望从下周开始，所有的同学都找到自己最喜欢的帽子并戴着它来上课，如果帽子能够新奇一点儿，那就更好了。总之，我们要让苏珊感受到最大的快乐！"

听了安娜老师的话，同学们很兴奋，既能展示自己最喜欢的帽子，还能给安娜带来快乐，这真是太棒了！

在安娜老师的爱护和同学们的帮助下，苏珊的心理情况一天比一天好。渐渐地，安娜放下了心中的芥蒂，全身心地、毫无负担地投入到快乐的校园生活中去。随着时间的流逝，有的同学偶尔会忘记要戴帽子这件事，就连苏珊自己竟然也会忘记戴帽子，也有的同学始终坚持着戴帽子上学。即使有时候因为意外，苏珊光光的小脑袋露了出来，同学们也几乎不会对苏珊特别注意，因为安娜老师早就在他们幼小的心中种下了爱心的种子……

【案例分析】

教师爱学生的目的是让学生用同样的善良、同样的真诚去爱自己、爱父母、爱他人。案例中，这个戴帽子的故事本身很普通，只是一个有爱心的教师帮助生病学生重返校园和班集体的故事；但其中蕴含的人文内涵极其深刻和感人。教师的一个小小举动，表面上看只是消除了一个孩子的痛苦，但其实际意义远远超过了这一境界。她一边用自己的爱，将心比心地感受学生内心的微妙情感，并想方设法地保护她稚嫩的心灵，为她保持自尊、自信；一边用自己的言行感染整个班级，让所有的学生都被她崇高的人格魅力折服，欣然追随、效仿，并最终在自己的言行中实践。这是一种高尚的教育情怀，也是一种令人敬佩的人本主义精神。

师爱如春雨，它滋润学生的心田，在他们心中种下美好的种子，对学生产生巨大的影响——让学生明白自己的价值所在，产生自立自强、积极进取的力量。因此，学生对师爱的渴望，有时甚至超过对知识的追求。所以，教师要爱每一个学生，目光不能只放在成绩优异、家庭条件好的学生身上，也不能只看到后进或有缺陷的学生，还要关注那些成绩中等、性格不出彩的学生，让每个学生都能感受到自己是在被教师爱着。

对教师来说，师爱既是教师的付出，又是教师人格的体现。无法想象，如果教师没有丰富的情感、良好的师德和优秀的素质，培养出的学生会是什么样子。

教师的一句话、一个动作，都会通过学生的眼睛映射在他们的心灵上，对他们的未来产生影响。高尚的道德品质，处事不惊、平心静气、以德服人的态度，公平公正、一视同仁、毫无偏见的待人哲学，谈吐文雅、仪表端庄的生活习惯……从这个意义上说，"教师是学生的再生父母"毫不夸张。

学生们正处在身心快速发展和心理素质形成的重要阶段，没有识别能力，极易照原样接受教师的言行。"近朱者赤，近墨者黑"，绝不是空论。所以学生从教育中所应该得到的人的情感、人的价值、人性的完善，都依赖教师从骨子里散发出的人格光芒，依赖教师对爱的言传身教。

有一个事例体现了师爱对学生的影响。布朗是一名英语教师，有一次，在结束了教学以后，她和同学们聊天，突然提出了一个奇怪的问题："同学们，如果突然暴发洪水，你们会先救谁呢？"

学生们立刻交头接耳讨论，争先恐后地表达自己的观点。有的说要救父母，有的说要救好朋友，还有的说要救自己的弟弟妹妹。在一片混乱的声音中，一名女生的话语显得格外不同："我要去救您，布朗老师。"

布朗老师似乎有点儿惊讶，她微笑着问道："为什么呢？"

"因为您最爱我们，最关心我们，您是我们最可靠的朋友！"

女生的话刚说完，教室里立刻响起了一阵欢呼声，所有的学生都开始发言，大家的声音响成一片，但有一个共同的主题，那就是称赞布朗老师是世界上最好、最完美的人，也是他们最值得信赖的朋友。

显而易见，布朗老师是一名成功的施教者，这种成功来自她最基本的教师人格——师爱。

一位著名的教育家曾说："谁爱孩子，孩子就爱他，只有爱孩子的人，他才能教育孩子。"这句话从师生关系的角度精辟地阐述了师爱对教育工作有多重要。师爱是进行德、智、体、美、劳等各项教育的基础，也是先决条件。因此，教师在教育过程中付出的师爱，不仅是教育成功的关键，也是衡量教师人格的重要内容。

著名教育家保罗·威蒂（Paul Witty）曾花了40年的时间研究"学生喜欢什么样的老师"，从收集到的9万名学生的来信中，他总结了一位好教师的12种品质。其中，最受学生喜欢的是"友善的态度"，即热爱学生，善待学生。曾有一家日本报刊对1000名学生进行调查，结果显示，希望教师温和、可亲、具有爱心的学生占 52.8%，而只有 31.1% 的学生喜欢知识渊博型教师。

可以看出，师爱在教师应具备的人格素质中所占的比例有多大，甚至可以说，师爱有时要比丰富的知识更重要。因为爱作为一种积极情感，可以使人感到精神愉快，让人得到温暖和动力，是每一名学生都希望得到的精神雨露。如果教师用这种热烈的爱在师生之间建立起真挚的情感，就会得到神奇的教育效果。学生得到教师的爱以后，就会自然地激发出对教师的爱，反馈给教师，形成爱的双向交流。这一过程被心理学家称为"动情效应"。在这种效应的影响下，学生会自觉尊重教师的劳动，愿意亲近教师，希望与教师合作，并将教师视为父母般的亲人。他们愿意向教师敞开自己的内心世界，表达自己的想法，倾诉心里的秘密。在这方面，相信每位教师都有切身的体会。

师爱是阳光，是雨露，是春风。师爱不仅能提升教师的思想境界，还能增强教师的人格魅力，最终提高教育工作的有效性，巩固教育的效果。师爱能够使学生热情地对待教师所教的课程，令学生自动、主动地学习知识，而不是被动地接受教师的传授——显然主动学习知识和被动接受知识产生的效果完全不同。只要教师对学生充满爱，课堂也会具有无限的感染力。

瞧瞧教师面前那一群群可爱的孩子，那一双双渴望爱的眼睛吧！让教师用发自内心的爱去引导和帮助他们，使教育真正做到"润物细无声"！

第二节　忠于教育

愚公移山，就连天神也被感动，下凡来帮助他；精卫填海，就连广阔无垠的东海也无法阻止它填海的脚步。这些寓言在表达着什么？

苏武牧羊，19 年不改本心；诸葛亮鞠躬尽瘁，死而后已；哥白尼坚持科学，不惜献出生命……这些故事在昭示着什么？

张思德、白求恩、雷锋、焦裕禄、孔繁森……这些人的事迹又在诉说着什么？

很显然，上述所有的事例都在展示着一个信念、一种精神——执着！执着的目标多种多样：对理想的执着，对事业的执着，对国家的执着，等等。作为一位教师，他执着的对象应该是知识和真理，是教育，是学生……

这些执着的表现还有另一个更恰当的名字——敬业！

有没有执着精神，能不能爱岗敬业，反映出的是一位教师的精神状态、思想水平、人格情操和胸怀志向。

遗憾的是，在现实生活中，有的教师缺少这种志向。他们没有足够的敬业心，瞻前顾后，患得患失，价值观严重扭曲：有的教师得过且过，"当一天和尚撞一天钟"，送走一批学生算一批；有的教师这山望着那山高，嫌弃教育工作的平凡和枯燥，总是不能安分守己；有的教师整天只想着个人的小天地，盲目攀比，没有从根本上把心思放在学生和教学上；还有的教师好高骛远，总想取得大成就，却又不愿意脚踏实地干一番事业。这些教师，不仅让人可气、可叹，还让人觉得可悲又可怜。

敬业，是一种涵养、一种美德、一种修炼、一种境界。

敬业，是社会对从事各种职业的人们的基本要求，也是对教师的根本要求。

教师如果没有敬业的心态，就不可能搞好教学，上好课，就不会赢得学生的尊重，更不会教出杰出的人才。

与之相反，如果一位教师对学生有无穷的热爱，对事业有无限的忠诚，对知识有锲而不舍的追求，就一定能获得学生永远的尊敬，就能培育出成绩优秀的、人格高尚的、身心健康的学生。

【经典案例一】

我国著名京剧、昆曲表演艺术家俞振飞老师对艺术的执着追求，以及对事业的敬业精神，令他的学生感到深深的敬佩和怀念。

1984 年，83 岁的俞振飞在电视台录制节目，就让学生给自己化妆。出于对艺术的完美追求，俞振飞对妆容的要求非常高，就算是脖子、小臂这些其他演员认为没必要化妆，或者不愿意化妆的地方，俞振飞也要一丝不苟地擦上油彩，甚至连指甲这样的小细节也不放过。

别说俞振飞已经是知名的艺术家，就光说他 83 岁的高龄，也值得在场的工作人员小心对待，给些便利；但是，俞振飞从来没有利用这些身份为自己谋求什么好处，他总是提前把妆化好，再等待工作人员过来拍摄。因为年纪大了，俞振飞等不了多久就累得腿发抖，可他从来不说什么，而是静静地等待工作人员到位。

1989 年，文化部拨专款对俞振飞的京剧和昆曲艺术再次进行抢救，请

○ 顺学而修，顺教而炼：优秀教师的人格力量 ●

俞振飞把京昆剧用录像的方式保留下来。那时，已经88岁高龄的俞振飞因眼部疾病动过两次手术，身体十分虚弱，要扶着椅子才能站得住脚，坐着更是连气也提不上来。为了给后人留下宝贵的文化财富，俞振飞没有一句怨言，坚挺着身子、断断续续地录制好京昆剧的折子戏，数量多达十几部。

有一次，他们在嘉定秋霞圃拍摄昆剧《拾画叫画》。那天天气炎热，太阳炙烤着大地，高龄的俞振飞穿着厚重的戏服，头上还绑着纱布。太阳晒干了头上的汗水，纱布又干又硬又粗糙，勒得俞振飞的脑袋生疼。俞振飞的妻子和弟子就拿着毛笔蘸了一点儿水，抹到纱布和脑袋的交界处，让他松快些，等没有那么疼了再继续拍。

生命的最后两年，俞振飞已经因身体问题住进了医院，直到这时，他也没有放弃自己对昆剧的热爱。俞振飞做了几次手术之后，病情已经稳定了，身上也有了一点儿力气，他就时常在病床上用手拿着折扇，练习各种昆剧的手势。有时候，他心情好，还会哼唱几句昆剧的对白。事实上，这时俞振飞的气管都已经被切开过了，普通人面对这样的情况就连说话都不方便，但俞振飞还是唱戏不止，热爱不止。

作为一位表演艺术家，俞振飞拥有几十年日日锤炼的真功夫和执着的敬业精神，他对艺术的追求令人肃然起敬；作为一位戏剧教育家，俞振飞老师对待学生充满了师者的厚待，对待教育事业全心全意，更是让人感动。

在弟子岳美缇和蔡正仁的记忆里面，俞老师对他们以及其他的弟子，一直尽心尽力，关怀备至。俞老师喜欢给他们写信，因为担心学生的基本功不牢，他常常在信里记录许多戏剧知识，甚至自己总结一些戏剧念白的读音规律，帮助学生记忆。根据二人的清点，他们两个人收到的信件就有250封，更别说还有其他弟子也收到过信件了。

除了记录知识，俞振飞还喜欢在信里说一说梨园行的逸闻轶事和自己与当代知名戏剧大师们往来的故事，讲一讲做人的原则，以此来培养学生的人格和思想品德。

俞振飞曾说："不是我好为人师，我是想把我从艺多年的心得告诉年轻人，让他们少摸索，少走些弯路。"这体现的是俞振飞对后辈的提携和拳拳爱护之心。因为自己吃过苦，所以不想让年轻人吃同样的苦。这样的胸怀该有多么博大啊！

不论何时，不论何地，只要俞振飞的学生有演出，他一定会千方百计抽出时间来到现场，坐在台下亲自观看学生的表演，给学生吃下一颗定心丸。俞振飞这种行为也传给了他的学生，又由他的学生传给了学生的学生，成了师门的惯例。

俞振飞的弟子及再传弟子，正在向他们的教师以及教师的教师学习，正在把俞振飞身上可贵的精神代代传承下去。

【案例分析】

尊敬、尊崇自己的职业，就是敬业。如果一位教师始终尊重、审慎甚至敬畏地对待自己的职业，对待教育事业，那么他将从中获得极大的使命感，会把教育学生当成一件神圣的事情，会将教育事业深深刻进信仰中，并用一生来完成它。

俞振飞老师能在曲艺界成就一生的荣耀，树立一座丰碑，全是因为他敬业的精神，因为他高尚的人格。今天，人民群众对"德艺双馨"四个字的追求比以往任何一个时期都要强烈。时常有人说，大师的艺术水平是人类的巅峰，难以超越。事实上，真正的大师，其人格才是高峰，才是我们用尽一生都要去靠近、去攀登的目标。高尚的人格，正是大师的精魄所在。

纵观俞振飞老师的一生，他给后人留下了很多精神财富。其中，他作为教师对学生的负责和作为事业建设者对事业的尊敬是最值得我们敬仰学习的。对教师来说，敬业，就是要不断奋斗，要对得起教师的身份；敬业，就是要尽职尽责，要对得起面前的学生和满怀信任的家长。

世事艰难，岂能尽如人意？不屈不挠，但求无愧于心。无数教师在敬业精神的支撑下，在内心大爱的支持中，执教、支教，为学生、为教育事业奉献一生而无怨无悔。

【经典案例二】

2005年1月27日，家家户户都沉浸在快要过年的欢乐气氛中，写对联、贴福字、放鞭炮……河南宁陵县乔楼乡吴菜园村的人们心情却十分沉重。天阴沉沉的，好像要下大雪了，凛冽的寒风在空中打了个旋儿，**落在宁陵县二中100多名学生的脸上**，吹得他们泪迹未干的脸上疼痛不已，可他们丝毫没有在意，依然跪在老师的遗像前痛哭流涕："石老师，您别走！"

石凌笑是一位老师，原本在三中教书，工作认真负责，教出来的学生成绩十分好。后来，他被调到了离家很远的二中教高一的数学。

初到新岗位，石老师更是拿出了十二万分的努力：不管天气如何，都要每天备课到深夜，然后清早起床，骑行5千米到二中上班。

1月23日，石老师备课到凌晨3点，最后耐不住妻子关心的催促，才放下手中的教案，到床上休息。3个小时后，石老师起床的时间到了；可是这天与往常有些不一样，他的身体感到不太舒服。妻子联想到他最近没日没夜地备课，担心他的身体健康状况，就劝他不要去上课，待在家里好好休息一番。石老师拒绝了妻子："班里的孩子们都在等我呢！"为了抓紧时间，尽快赶到学校去，石老师没有吃早饭，咬咬牙强忍不适就离开了家。

这天上午，石老师倒在了讲台上。他面色苍白，双手颤抖，豆大的汗珠从额头滚落，就连呼吸都有些困难。学生们吓坏了，赶快上前查看情况，有的去叫其他老师，有的去拨打急救电话。遗憾的是，就在救护车到来的几分钟后，石老师永远离开了他挚爱的学生们，终年36岁。

根据医生的诊断，石老师的死因是心博骤停，一般来说，是过度劳累导致的。得知这个情况，师生们泣不成声。

【案例分析】

案例中的石老师非常敬业，为了更好地培育学生，不顾自己身体的劳累，通宵备课，甚至献出了自己的生命，令人叹惋不已。这种敬业精神值得我们尊敬。由此可见，对一位教师来说，如果其真正地将教育事业视为自己的生命，用尽全力去建设它，那么传递知识和培育人才就成了其生活最大的快乐。需要注意的是，身体是革命的本钱，教师只有拥有一个健康的身体和心灵，才能持续为教育事业贡献更大的力量。

那么，教师要怎样做，才能拥有敬业精神呢？

第一，一定要真正地把教育工作当成自己的事业来做。在教师心中，教学育人应该是首要的，教学的成就、学生的成长才是教师的军功章。

第二，一定要积极进取，不断学习，努力向前。生活在现代社会，科技每一分每一秒都在更新，教师要不断学习，不断提高，把知识面拓宽，把专业学深，然后应用到教育教学工作中去，做新时代的新型教师。

第三，一定要深入学习教师职业道德，并落实到教育教学工作的一举一动中去。教师职业道德规范是教师行事的准绳，是社会、国家对教师的期盼，教师一定不能踩底线、越红线。

第三节　一诺千金

守信是我国几千年的传统美德。历史上不仅有无数名言教育人们要守信，而且还流传着很多关于守信的故事，如曾子杀猪、商鞅立木、尾生抱柱，等等。守信是所有人都推崇的美德，更是身先垂范的教师要严格执行的道德标准——教师在教育的过程中一定要注意言行一致。

如果教师时常言而无信。就很难得到学生的理解和尊重，更不会有人相信一个不守信用的教师的人格。看到教师言而无信的学生，尽管还没有足够的力量来抵制教师的失信，却会用自己的方式做出回应，长期这样下去，他们会对教师的教育无动于衷，甚至嘲笑教师的为人。有的学生还会学习教师的不守信用，从此走上错误的人生道路。

因此，为了避免因教师无法履行承诺而导致教育失控，教师必须注意不能轻易对学生做出承诺，更不能许下完全无法履行的诺言，以免对学生产生不利的影响，让学生瞧不起教师。要知道，实现一个小小的承诺，代表着教师伟大的人格在散发光芒。

【经典案例】

42岁的路克是一名小学校长，他在雪地爬行16千米，历时3小时去上班，却受到了路人和全校师生的热烈欢迎。这是怎么回事呢？原来，为了激发全校师生的阅读热情，路克曾在学期初和所有人打赌："如果你们在11月9日前读书15万页；那么，9日那天，我会爬行上班。"

全校登时轰动了。为了看到这百年难得一见的场面，全校师生齐心协力，疯狂阅读，就连校办幼儿园的孩子也努力参与其中。在大家的"齐心协力"下，15万页书终于在11月9日前被读完了。

有学生问路克："你真的会爬到学校来吗？你说话算不算数？"还有人劝他："你已经达到激励学生读书的目的了，不需要真的去爬。"路克却异常坚定："教师要一诺千金，我必须爬着上班。"

9日那天，路克早上7点就出发了。为了不影响交通，也为了保证人身安全，他没有在公路上爬，而是在路边的草地上爬。全镇都轰动了，这一天仿佛成了节日，来来往往的汽车鸣笛致意，前来采访的记者忙前忙后，有的学生来到路克身边，和他一起爬行去学校。

当路克终于到达学校时，全校师生夹道欢迎他；当路克从地上站起来时，孩子们拥过来抱住他、亲吻他……

【案例分析】

俗话说得好："言必信，行必果。"如果教师对学生言而无信，学生可能从此再也不会信任教师说的话，对教师传授的知识也会抱有怀疑、抵触，甚至拒斥的心理。

如果教师失去了全班学生的信任，那么他就永远无法带领出一个优秀的班集体，因为这个班集体没有灵魂人物——一位永远值得信任的教师。同样，路克校长如果不信守他自己许下的承诺，那么他和学生打赌的这件事就变得毫无意义，这个赌成了一个谎言、一个骗局。就算真的达到了激发学生阅读热情的目的，学生的阅读热情也只能到此为止了。日后如果还有类似的事情发生，它也不会再起任何作用，因为路克校长已经失去了全体学生的信任。

有人可能会认为，虽然路克校长是为了激发学生的阅读热情而打赌，但学生的动机却不是源自阅读，仅仅是为了看校长的"笑话"，这个办法不可取。至于真的遵守诺言，从家里爬到学校去，就更没有必要了。

事实上，许多有这样想法的人，是真正不懂得教育的；而真正了解学生心理的人都明白，路克校长的方法确实是个很好的主意。从学生的视角来看，教师跟他们提的"人生""事业""未来"都是一些相对比较虚幻的名词，至少不属于他们这个年龄层能感同身受的东西。而参与全校大阅读行动，和大家一起努力拼搏，用尽全力读到15万页，再看到校长信守承诺，像婴儿一样爬到学校，这才是实实在在的快乐！也是他们长大以后仍能记忆深刻的、由教师身体力行教给他们的东西——诚信。而且，既然校长真心希望学生多读书，学生也认真地完成了校长的任务，那么校长就应该兑现承诺——学生努力的真正目的。既然这样，路克校长还有什么理由不爬呢？要知道，校长兑现了诺言，才是学生眼中这件事的最大的意义啊！

这些学生是令人羡慕的，因为他们不仅有一位愿意尽一切可能激发阅读热情的校长，而且拥有一位用自己的行为来教会他们守信的值得信赖的校长。

树立诚信意识是社会发展的必然趋势，在社会主义核心价值观中也有"诚信"这一词条，这要求教师一定要以身作则，做出表率，成为学生们学习诚信的榜样和楷模。

然而，在目前的教育现实中，仍然有许多学生不讲诚信，例如，考试作弊，抄袭作业等。其实，从另一角度来看，学生的不诚信也反映了很多教育工作者自身的信用缺失和工作不到位：有的教师喜欢吹嘘，夸大自己的工作成果；有的教师只知道机械地对学生进行诚信教育，自身的为人处世和言谈举止却和诚信原则或标准相背离；有些教师信口开河、言而无信，给学生留下了不好的印象……

"打铁还需自身硬"，要想让学生学会诚信，教师自己就要做到诚信待人。教师要努力加强自己的道德修养，自省自警，从我做起，从点滴做起，从细节做起，通过自己的行为、自己的人格来影响、感染和带动学生。这样，诚信教育才会深入人心，硕果累累！

第四节　赏识学生

　　根据研究，当人们在受到赏识的状态中进行工作或者学习，其效果是最好的。由此可见，学生如果受到赏识，对他们眼前的学习和日后的发展都有很大的好处。赞科夫曾经说过："漂亮的孩子人人喜爱，爱难看的孩子才是真正的爱。"同样地，每位教师都能轻易爱一名优秀的学生，但不是每位教师都会把爱的阳光洒在"差生"身上。事实上，那些"差生"就像意外受伤的花朵，更需要教师这位园丁的细心关怀和呵护，他们受到的鼓励和赏识，能让他们的心灵感到温暖并在这种心灵的温暖中成长。关怀与呵护对孩子未来的人生非常重要。从这一角度来看，教师能爱"差生"才是真正爱学生，而真正爱学生的教师才能称为合格的、称职的教师。

　　教师对学生爱的表达就是信任和赏识，无论学生有多么顽劣，他都有权利得到教师的爱和表扬。有一名学生常常抄作文，教师多次指出他的问题，可他依旧我行我素。为了帮助他改掉这一毛病，教师想了个办法，对他提出了"表扬"。如果有人不清楚这件事的来龙去脉，肯定会认为这是胡说八道，毕竟，一个学生犯这种错误，教师即使不严厉批评他，也应该严肃地教导他，怎么可能表扬他呢？可是，如果知道了这位教师是怎么表扬学生后，人们一定会忍不住鼓掌。

首先，这位教师肯定了学生的三个优点：一是有上进心，希望取得好成绩；二是有眼力，能辨别出这是一篇佳作；三是抄写认真，字迹工整。接着，这位教师利用第二点启发学生："你为什么认为这篇文章好？它好在哪里？你有什么感受？能不能把感受最深的地方写出来？"教师如此温柔聪明，如此善解人意，试问，哪个学生不会心悦诚服呢？哪个学生不会喜欢这样的教师呢？哪个学生不会听这样的教师的话呢？

针对有问题的学生，找到他的优点，当众赞赏他，表扬他，从而激发他的自尊和自信，把他的缺点逐渐转化成优点，这样的教育方法谁见了不会赞叹呢？要把阳光传播到学生心里，教师自己心里要先有阳光；要想真诚地表扬学生，教师自己心里要先有浓浓的爱和欣赏。教师懂得爱学生，才会从学生那里得到更深厚的爱；教师懂得欣赏学生，才会培养出优秀的人才。

赏识，是教育者向学生倾注的希望；赏识，是教育者宽容的心态和博大的眼界；赏识，是教育者高尚人格的外在表现之一。

【经典案例】

珍妮女士刚参加工作的时候，教的是小学三年级。她班上有34名学生，一个个都很乖巧，除了马克·埃克兰德。马克长得很漂亮，看起来像是一个小精灵，而且他的性格非常乐观，整天都在笑，偶尔捉弄一下别人，常常弄得珍妮女士哭笑不得。就算如此，珍妮女士仍然感到非常欣慰，因为这至少表明孩子们既活泼又自信。

有一年，珍妮女士被调动到初中部教数学。时间一晃就是几年，马克升学又来到了她教的班级。比起小时候，马克长得更好看了，而且非常有礼貌。在上课时，他总是十分认真，而且也不像以前一样喜欢捉弄别人。上了一周课后，珍妮女士忽然发现马克有一点儿不对劲，他那双灵活的大眼睛变得一点儿精神也没有，回答问题也没有以前那么积极，有时还露出一副欲言又止的表情。事实上，不只是马克有这个问题。珍妮女士发现全班同学都像马克一样，神色仿佛很疲惫，情绪烦躁不安，注意力总是无法集中。

到底发生了什么呢？

有一天放学后，珍妮女士拦住了正在往门外走的马克和他的好朋友查克："最近是不是发生了什么事情？有什么异常情况吗？你们这是怎么了？"

"我不知道。"马克露出迷茫的神情，"珍妮女士，似乎……似乎一切都很糟糕，真的很糟糕。"

"糟糕？什么东西很糟糕？"珍妮女士感到一头雾水。

"嗯，一切，一切都很糟。我变得不那么聪明了，困难也越来越多，我毫无办法。"

"我也有同样的感觉，我们越长大，我们的生活就越糟糕，和以前完全不一样了。"查克用同样困惑的口气补充道。

"不，孩子们，你们只是遇到了一些小麻烦，事实上，那都很容易解决的。"珍妮女士试图说服他们。

马克低着头，无奈地说："我也希望很容易，可惜现实并不是这样。"

查克接着马克的话继续说道："现实是我们什么问题都解决不了。"

"谢谢您，珍妮女士，再见！"

孩子们走了，留在原地的珍妮女士却感到深深的担忧涌上心头。她从来没想过这些聪明伶俐、乖巧可人的孩子会这么否定自己，尤其是永远充满精力的马克。他们的眼神如此迷茫，他们的话语充满无助，浑身上下透着深深的哀伤。珍妮女士心想：这些孩子的未来还很长，我必须要做点儿什么。

一个星期五的下午，珍妮女士让学生们在几张纸上写下其他同学的名字，并在每个名字中间留下一些空白。接着，她让学生们写下每个同学的优点，而且要尽可能多地写。

学生们立刻变得十分兴奋，每个人都认认真真地写了起来。

下课时，所有人都上交了自己的纸条。马克在把纸条递给珍妮女士的时候说："谢谢您教我，珍妮女士。祝你周末愉快！"

星期六的时候，珍妮女士在另一张纸上写下学生的姓名，然后在学生的姓名后面誊抄了其他学生写的优点。

星期一上课时，珍妮女士把每个学生得到的评语发给他们本人。所有人都非常开心，有些人甚至得到了满满两张纸的评语。

有些学生小声地议论起来。

"这些优点是真的吗？"

"我从不知道那些也是优点。"

"原来其他人那么喜欢我！"

从那以后，学生们没有提过这件事，珍妮女士也不知道他们会不会自己私下讨论这件事，不过这些都不重要，因为她的目标已经实现了——孩子们恢复了自信，同学之间的感情也更好了。

许多年后，珍妮女士的父亲忽然对她说："昨晚，埃克兰德家打来了电话。"

"真的吗？"珍妮女士很惊讶，"我已经很多年都没有联系过他们家了，马克现在怎么样了？"

父亲低声地说："马克过世了。"停顿片刻后，他又补充道，"明天举办葬礼。如果你参加的话，他的父母一定会非常高兴的。"

珍妮女士惊呆了，她望着窗外，很长时间都没有说话。

葬礼上，马克躺在棺材里，看起来就像是睡着了。爱马克的人依次过来告别，珍妮女士排在最后。

葬礼结束后，马克以前的同学都准备到附近的农庄吃午饭；马克的父母却仍然站在那儿，显然是在等珍妮女士。

"我们有点儿东西想给您看看。"马克的父亲说着，拿出一个钱包，"马克身上一直留着这个，我们想，您可能知道它是什么东西。"说着，他打开钱包，从里面拿出了两张纸，它们看上去很旧了，显然已经被折叠过很多次。珍妮女士不用看上面的内容，就知道那正是记录着马克优点的记录表。

马克的母亲说，"真的非常感谢您对马克的教育。您看，马克一直珍藏着它。"

这时，马克的同学们都聚了过来。查克害羞地说："我也一直保留着它，收藏在桌子的第一个抽屉里。"

"约翰让我把他的放在我们的结婚纪念册里。"另一名学生约翰的妻子笑着说道。

"我的也还在，"玛丽莲说，"就放在日记本里。"

接着，薇克拿出钱包，自豪地展示出那张已经磨损的纸片："我一直带在身上。我想每个人都珍藏着自己的那张纸条吧！"

一时间，在场的同学脸上都露出了默契的笑容。

【案例分析】

受到他人尊重的人，首先都知道如何尊重他人。就像案例里的珍妮小姐，她尊重每一名学生，还能想办法挖掘、告知学生他们自己的优点。她虽然年纪轻轻，也没有表现出多么丰富的知识，但是她用自己的尊重赢得了学生一生不变的尊敬，实在是很伟大。表面上，这些赞扬只是薄薄的一张纸，但事实上，这些赞扬中还饱含珍妮小姐对学生的欣赏和爱，它不仅恢复了学生的自信心，同时还令学生收到了教师的欣赏和期望。除此之外，聪明的珍妮小姐还在全班展开了这个有趣而激动人心的活动，使每名学生都得到了来自每一个同学的赞扬。对于孩子来说，这些写了满满优点的纸，值得一辈子珍惜、收藏；这样懂得尊重、赏识学生的教师，值得一辈子尊敬、爱戴。

每个学生成长的过程中都会遇到困难和挫折，错误和失败也是不可避免的。教师不应让学生在恐惧中踽踽独行，而要给学生学习的过程洒满阳光，让学生在阳光中成长。聪明的教师，绝对不会吝惜对学生的赞美！教师应该及时发现学生的优点，赏识他，给他信心。自信对一个人的一生至关重要。

赏识，就意味着少一些偏见，多一些平等；少一些冷眼，多一些赞美；少一些歧视，多一些尊重。赏识，让每一个学生享受到阳光的温暖，让每一个学生获得心理上的满足，提升对老师的敬仰和对自己的自信，产生努力向上的动力，激发潜能和情感，最终成为更好的自己。

只有真正懂得欣赏学生的教师才是好教师，只有能发掘学生优点的教师才能赢得学生的心！亲爱的教师们，请欣赏你的学生，发现他们的优点，改正他们的缺点，展现自己高尚的人格魅力吧！因为这是一个教育工作者真正的力量所在！

第五节　心胸宽广

古人有云："海纳百川，有容乃大；壁立千仞，无欲则刚。"这句话是我们每个人都应该遵循的做人原则，对教育者来说更应该如此。教育是件大事，同时其中又包含无数件小事。无论是处理细节还是把握大局，教师都要用公正无私的心态去面对。教师的胸怀应该像海洋一样宽广，无限包容学生的缺点和错误；教师的心灵应该像天空一样辽远，让所有的学生都可以在其中展翅高飞。

然而，这只是每个人心中的"应该"，在现实生活中，往往有些教师做不到这一点，甚至与之相违背。

有的教师对学生做不到一视同仁，甚至心存偏见，对学生的缺点大摇其头，对学生的错误大动肝火，对学生的过失抵触不已。教育中仍然存在太多误区，片面的观点一代又一代地传输给学生。

不可否认，很多问题可能不是哪位教师的问题，总的情况也不是仅凭几位优秀的教师就能改变的。可是，这绝不是教师拒绝改变、维持原状甚至每况愈下的理由。如果每位教师都能把爱护学生当成自己的荣耀，把振兴教育当成自己的职责，用宽广的心胸和无私的态度对待每一个问题，那么教育状况就一定会改变，国家就一定会大踏步向前！

【经典案例】

"北大之父"蔡元培一直倡导自由民主的学习风气，坚持开门办学的方针。所以，蔡元培任北大校长时，北大出现了两个有趣的现象——"五个公开"和"三种学生"。"五个公开"指北大的课堂、图书馆、浴室、运动场、食堂全部对外公开，"三种学生"指课堂上出现的正式生、旁听生、偷听生。

据国学大师陈汉章老先生回忆，有一次他开了一门新课，平时总有十几名学生在教室里听课；但到了考试那天，台下只有一个人。经他一查，原来之前那些学生全是偷听生。

许多人曾在北大做过旁听生，他们回忆起当年和蔡元培之间发生的趣事时，几乎都被蔡元培倡导自由、无私支持青年学生的精神感动了，对老一辈教育家宽阔的胸怀和无私的作风感到深深的钦佩和怀念。

有一次，蔡元培、李大钊、蒋梦麟和马叙伦四个人一起去参观北大周边青年学生租房聚居的地方。当来到最后一间木板搭建的屋子时，他们发现一个寒酸的穷学生躲在昏暗的烛光下。他穿一件旧长衫，一块歪歪斜斜的补丁打在袖口，身体瘦得像一只小刺猬，正在用惊恐的目光盯着眼前几个一看就不普通的人。

"你叫什么名字，在哪个系读书？"蒋梦麟问这个学生。

这个学生颤抖着站起来，面色苍白地说："你们终于来查我们了。唉！我是一名失业的小学教师，真的没钱呀，所以我办不出旁听的手续，不得不每天偷偷溜进去听课。"

蔡元培听见他说话带有绍兴口音，就问道："你究竟叫什么名字？"

这个学生可能被逼急了，下意识大声说道："我叫许钦文，因为喜欢写小说，所以和几位文学青年聚集在沙滩（北京某地名），最喜欢听豫才先生（鲁迅）的课。前几天，周先生知道了我们的事情，对我们深表同情，还在下课后请客喝牛奶、吃点心呢。他说蔡校长已经回来了，一口答应为我们说情，好让我们办旁听生的手续……"

"还有几位叫什么名字？"

"胡也频、曹靖华，另一位是宁海人柔石。"

"我就是蔡元培，他们人呢？"

"你、你就是……大名鼎鼎的蔡先生？"

许钦文愣住了，手足无措地向眼前的人鞠躬，面带羞涩地望着蔡元培说："他们都去了小餐馆，我没钱了，只能让朋友带个烧饼回来。"

蔡元培感慨道："你明天就领他们来办手续吧！不过现在得跟我们去吃饭。"

根据我国著名书法家萧劳回忆，有一次，北大招收一批旁听生，他有一位姓杜的中学同学也想旁听，他作为正式生就帮忙去北大教务处申请。没想到，教务处的一位先生却说："座位都满了，不能再收。"萧劳解释道："座位没满，不信您去教室看看。"但教务处的先生不肯去看。

怒气冲冲的萧劳立刻要去见蔡校长。校长办公室就在红楼的二楼，也没有什么助理秘书来阻挡，学生可以随意去找校长。萧劳一进门，蔡先生看出他心有怒气，就和蔼地说："你先坐下休息五分钟，五分钟后我们再来谈事。"

萧劳坐了一会儿后，便把为同学申请旁听却被拒绝的事情告诉了蔡校长。他说："多收一个学生总比少收一个学生要好。教室明明有座位，但教务处的先生却说座位满了。请校长去教室看看是否有座位。"

蔡校长听了萧劳说的话，立刻亲自打电话，请来了教务处那位先生。当着蔡校长的面，萧劳对教务处的先生说："教室里确实还有座位，不信您去看。"教务处的先生沉默了。

蔡校长立即拿起笔，写了一张"准予杜到中国文学门旁听"的条子，交给了教务处的先生。因此，这位姓杜的同学终于可以旁听了。

胡也频、曹靖华、柔石、许钦文，在当时只是一些名不见经传的穷学生，可是在历史上，他们的名字都曾发出过响当当的声音。当然，当时在北大旁听过的人不止这些，就连毛泽东、沈从文、李苦禅、瞿秋白等多位各方面的名家，都曾有过一段相当长的北大旁听经历。

蔡元培先生对学生的优待，不仅为当时艰难困苦的中国培养了许多人才，也为北大创造出了一种博大精深和有容乃大的学术氛围。李大钊先生曾说过："'胜地自来无定主，大抵山周爱山人'。希望这种自由的精神，能从北大风行全国。"

【案例分析】

现在，谈到"兼容并包"或"兼收并蓄"的原则时，每个人都或多或少听说过它，可是在20世纪初期，人人听到都会觉得新鲜。北京大学能有今日的成就，成为学生心目中的最高学府之一，与蔡元培先生当时开创自由的学术风气密不可分。

蔡元培任校长时，不仅敞开校门接纳各类学生，而且邀请不同学派、不同观点的学界知名教授来到北大，并且对他们一视同仁。在这些人中，既有激进的新文化运动的领袖，也有学富五车的旧学代表，他们相互之间观念不同，甚至敌对，但最后竟然都能在北大任教，这也是"兼容并包"带来的结果。这些人带来了深奥的学问，也带来了各自的思想，使得北大产生了先秦时代一般百家争鸣、百花齐放的学术风气。在这里，知识分子获得了广阔的精神空间，学生则可以接触到各种各样的思想。

蔡元培的教育思想既继承了中国封建教育的某些传统，也吸收了西方资产阶级自由主义的精神。这些教育思想在今天可能已经成了过去，但在五四运动之前，它们在推动当时旧中国的教育事业、促进社会新风气的形成中，发挥了不可估量的作用。

"自今以后，须负极重大之责任，使大学为全国文化之中心，立千百年之大计。"这不是蔡元培说的大话，而是他对中国教育的远见。从中我们可以看到，一位伟大的教育家容纳百川的宽阔胸襟和势比高山的宏伟气度！

蔡元培是当代教育家和教育工作者的榜样和楷模！自身的学识和对生活的深刻理解，为他造就了博大的胸怀；深厚的文化底蕴和高尚的人格修养，为他练就了深远的目光；他对学生的爱，对教育的爱，不是那种肤浅狭隘的"小爱"，而是以"包容"为核心思想的"大爱"！

这种爱在当今社会新的教育形势下也是非常需要的！

可是，教育界一直存在一些不太好的风气，缺少了宽容，缺少了包容，使教育立足于缺少甚至没有自由和平的土壤之上。

首先，学者间，教师间，互相抨击，互相贬低。有一部分人傲慢自大，看不上他人的教学观点和教学手段。教育者应该明白一个道理：每一种学术观点都有其依据，我们应该努力从多方面探索学术，丰富和发展自己。只有这样，我们才能睁开眼睛，看到世界各种文化的先进部分并加以吸收利用，最终使自己拥有更完善的知识体系和更广阔开放的思想，并用以服务学生和教育。

其次，很多教师总是对学生缺乏基本的理解和宽容。有时候，有些教师过于严厉而不够宽容，总是不能容忍甚至用放大镜去看学生的缺点。教师的胸怀来自何处？这里可以指出一条捷径：读书与思考。当人的灵魂每天与伟大的灵魂沟通对话时，他们的心灵会因接触高尚而受到感染。

雨果说："比海洋更宽广的是天空，比天空更宽广的，是人的胸怀！"当一位教师的广阔的胸怀里装下了所有学生的心灵，也就装下了所有的教育责任，教师就会成为学生争相模仿的榜样！

教师，以比蓝天还宽广的胸怀去关爱每一名学生吧！努力为受教育者提供优质、公平的教育，让每一名学生都能受到教育阳光的照耀。

第六节　清白做人

早在两千多年前，孟子就对官员提出了要求："其非义也，非其道也，一介不以与人，一介不以取诸人。"（《孟子·离娄》）意思是，为官者应该廉洁、守法，不要拿取自己不应该得到的东西。

然而，在长达两千多年的历史长河中，"廉正"的风气依旧没有深入官场，除了极少数的官员能保持廉洁，贪污腐败一直是历朝历代纪检部门头疼不已的问题。

当教师不是当官，本来跟贪污腐败没有多大关系；但现在，不可否认的是，在教育行业，在某些教师身上，也存在着一些腐败现象，散发出难闻的铜臭气。这些丑恶现象无疑是对教师职业的亵渎，是对教师声誉的败坏。

不可否认，教师的待遇确实有待提高，互联网等行业的年薪动辄几十万甚至上百万，兢兢业业教书的教师得到的却相差甚远。虽然有个别教师或一些私立学校教师的工资相对较高，但这不能代表所有教师的情况。从总体情况来看，教师的收入还是不高的，甚至在不同地区、不同体制的教师之间存在着很大差异。确实，教师也是普通人，也有家庭要供养，也追求物质生活的丰富，也希望过上美好的幸福生活，然而，这些都不能成为教师滥用职权谋取私利的理由，也不能成为学校和教育行业乱收费的理由。教育这一行业本身就决定了教师必须要洁身自爱，修炼自己的人格。

我们总是说："师者，传道、授业、解惑者也。"那么教师"传"的究竟是什么"道"？

教师每天都教学生要正直，要脚踏实地，要洁身自好，这个"道"，就是正道，就是清廉！走正道，做真人，求清廉，不仅是每位教师对学生的要求和愿望，也是教师自己必须遵守的人生信条。

【经典案例】

张伯苓先生，近现代爱国教育家，南开大学创始人，一生廉洁刚正，十分痛恨那些巧取豪夺、化公为私的人。对于他来说，所有公款，一分都不能浪费；所有公物，一点儿都不能私取。

在那个年代，很多私立学校都是投资者用来赚钱的工具，但南开却是赔钱的。那维持学校正常运转的那些钱款是从哪里来的呢？主要是由张伯苓在国内外奔走呼号募集而来的。

张伯苓到美国去募捐，总会带上学校饲养的金鱼。如果谁捐款一万美金以上，他就会送金鱼一尾。所以，他如果在学校账上支出了 10 尾金鱼，一定会用 10 万以上的美金来补上。

正如他所说的："一部南开发展史，实乃社会赞助之纪念册也！"张伯苓一生为南开从国内外筹集了成百上千万的资金。事实上，张伯苓在国外募集款项，多属他的个人行为，如果他想要从中抽取一部分放进自己的口袋，别人不会知道，就算知道也不会多说什么；但是，张伯苓不肯，也不屑这样去做，而是分毫不差地存入南开的账户。在南开，账目也是公开的，每年的账目都放在图书馆里，欢迎学生和教师去查询和指教。

在南开大学出名以前，很多人对南开慷慨解囊，不是因为别的，就是因为佩服张伯苓办学的毅力，以及敬佩他纯洁高尚的品德。基于张伯苓的人品而产生的巨大感召力，于此可见一斑。

那时的很多私立学校，大权都掌握在校长和董事会手中。一些私立学校的校长在董事会中任人唯亲，甚至把子女、亲戚安排到学校里，董事会成了他们随心所欲的工具。可是，张伯苓领导下的南开校董，都是社会知名人士或者学者，没有一个是他的亲属。张伯苓担任考试院院长时，曾推荐何廉为南开校长，却并没有推荐他的二弟张彭春。其实，张彭春也是非常有声望的人，他是留美博士，任教和从政多年。张伯苓的长子张锡禄也是留学生，在大学执教数学多年。他们完全有资格成为南开的校董，但他们始终不是。

张伯苓深知俭可养廉的道理，他虽然喜欢安静，却从不追求生活的舒适和安逸。尽管当时他已经有了很大的名气，却仍旧居住在平民区的一所简陋的房子里，院子中只有几间房。后来，他加盖了几间厅房，又盖了两间厢房，这样才勉强凑成一个三合院。

有一年，张学良将军带着随从前去拜访。汽车在土路上一圈又一圈地转，却始终没有找到张伯苓的"校长公寓"。张学良感叹道："偌大大学校长居此陋室，非我始料，令人敬佩！"

张伯苓一生没有积攒什么财物。他常常说："我不能给孩子们留钱，他们钱多了，就不想做事。岂不是害了他们吗？我教他们一些德行，就够他们一生享用不尽的了。"

据说，张伯苓的工资在全国大学校长中一直是最低的。在南开中学成立之初，董事会为张伯苓规定的月薪是每月 180 块大洋。后来，南开成立了大学部，董事会想重新给张伯苓定薪，张伯苓却推辞道："中学部已给我定了薪，我不能再加薪了。"

最后，还是由严范孙先生出面，给他强行增加了 100 块大洋。张伯苓从来没有领取过这笔钱，反而一直存在学校里，作为替学生作保的赔偿金。

张伯苓非常注意自己的形象，但从不追求奢华，而是穿着整洁、朴素、

　　○　顺学而修，顺教而炼：优秀教师的人格力量　●

大方的衣服。张伯苓的嘴边经常挂着一句玩笑式"名言":"勤梳头、勤洗脸,就是倒霉也不显。"他一年四季都穿着蓝色或灰色的布质长衫,只会根据季节的不同换以单、夹、棉而已。只有接待学校的贵宾或者宴请时,他才会换上西装或绸缎的长袍马褂。如果要外出办事,他会按照天津人的老习惯,在外面罩上大衣或布衫,以避免衣服被弄脏了或刮破了。

张伯苓常常对他的学生说,自己绝不做官,而是要一心办教育。20世纪20年代,当时的政府基于张伯苓崇高的威望,希望他担任教育总长或天津市市长,可他都十分坚决地推辞。很多人都想做大官、发大财,享受数不尽的荣华富贵,张伯苓却不以为然,他常常告诫学生:"不要爱钱,够用就行了。"

张伯苓十分厌恶无处不在的腐败现象,他常说:"一个人只有到死的时候,才会腐化,活人是应该不腐化的。"这句话其实是讽刺社会上那些腐化堕落的人,没有一点儿人味儿,只是行尸走肉罢了。

当时与南开同一时代的大学,北京大学历史悠久,清华大学经济雄厚,而南开只是一所私立学校,既没有悠久的历史,经济上也时常捉襟见肘。然而,南开有一位清廉刚正的校长,资金的短缺无法阻碍他发展南开的雄心壮志。从某种意义上说,正是由于张伯苓个人的能力和高尚的人格,南开才能成为名动天下的学府。

【案例分析】

为什么张伯苓能成为近代中国教育家的楷模呢?究其原因,主要在于他具有极为强大的个性魅力和不谋私利的伟大人格,换句话说,就是他不求官,不求利,清清白白做人,勤勤恳恳做事,只图南开发展壮大,只图国家繁荣富强!

张伯苓青年时期感受过因国家贫穷落后给人民造成的痛楚,也深知愚昧和自私会给国家和民族带来无穷的祸患。因此,到了中年以后,张伯苓把办学的宗旨概括为"公""能"二字。在他的心目中，"公"就是一心为公，而不能为私。他说："唯其允公，才能高瞻远瞩，正己教人。"他还说："正人者，必先正己，要教育学生，必先教育自己。"他不仅这样说，而且身体力行，带头行动，一生为公。在当时那个充满了污水的社会里，有这样一个充满正义、以身作则的先锋，大家又怎会不满怀敬意和爱戴呢？

若是张伯苓先生自己谈起这些往事，自然不觉得有多惊天动地，但在他诞生一个多世纪之后的今天，后人读起来仍觉感人至深、发人深省，于此中窥见他的挚诚和伟大。在追求物质的时候，不失良知；在功利社会中求存的时候，他保留了人格的完整。人们能享受的只是短暂的生命，而留给后人的才是永恒。这样的人是真正的教育者，一位伟大的教育家！

每个人活在世上都要承担一定的责任。作为教师，我们应该用什么样的精神风貌来面对工作中的种种困难？相信每个人都有自己的答案。也许每个人的答案都不一样，但对教育的激情应该是一样的，对事业的忠诚应该是一样的，对学生的爱和期待也应该是一样的。如果教师个人乃至队伍在廉洁方面出了问题，就会使教师在学生面前威信扫地，学生因此便难以接受和相信教师的教育，从而影响教育效果。同时，还会使学生建立不良的世界观、人生观、价值观，令社会，尤其是学生家长质疑学校的教育，败坏、玷污学校的声誉。教师得到的是蝇头小利，失去的却是高尚的人格，是自己在学生中的威信，是人们对教师这一行业的信任，代价不可谓不大！

因此，教师应始终牢记，自己是榜样，是楷模，千万不能贪恋不属于自己的名利，绝不能把欲望之手伸向学生、伸向教育。教师必须加强自身修养，不断反省自律，遵纪守法，远离贪婪和欲望，保持清廉，以"清清白白做人，踏踏实实做事"为人生格言和职业准则！

第七节　舍己为人

半夜时分，一所与井喷现场直线距离不到 500 米的学校，1020 名住校学生被毒气和死神威胁着……

凌晨时分，一所学校的 380 多名学生被洪水围困着……

一所小学的校门口，6 名学生走在马路中间，一辆小轿车飞驰而来……

一所大学，一间教室，一群学生正在上课，一次地震来袭……

当这一切来临时，教师的选择是什么？是放弃学生率先逃亡，放弃身为教师的尊严，放弃身为教师的义务，还是选择教师的良心、选择教师的责任感，选择教师那不容玷污的伟大人格，让学生先跑？

危急时刻，彰显人格。那些最令人敬佩的人民教师，为你、为我、为我们所有的人做出了选择，足以震撼人类的心灵。

重庆某中学的 100 多位老师，来不及顾虑同样陷在危险之中的家人，选择了与学生共患难，将被洪水围困了整整 16 个小时的学生无一伤亡地全部撤出了校园。

重庆某中学的校长和老师，"忘记"了住在井喷现场附近的家人，选择了"老师在，学生在"，毅然带领着学生们转移。历时七天八夜，1020 名学生一个没伤，一个没病，一个没丢，全部安全撤离。

西安市一位白发苍苍的大学教授，在感知到地震发生的一瞬间，没有率先冲向门口，而是冷静地选择了"让学生先走"……

江苏省一位班主任，护送学生过马路时，面对失控的轿车不顾自身安危，奋力地将学生从马路中央推开，自己却被撞出了25米，最终与世长辞。

【经典案例】

有一年，陕西泾阳发生了4.8级地震，附近的西安市震感强烈。

在西安市某大学的一间教室里，一位白发苍苍的教授正在授课。突然，他感到大楼在摇晃了，连同所有学生的身体都摇晃了起来。

在当时，大部分人对地震都没什么感性认识，只以为那是爆破引发的震动。

但老教授心里一惊："可能是地震。"不过，老教授的脸上一丝慌张也没有，他神情自若、不急不缓地说："请同学们有序离开教室，到教学楼前的空地集合。"

这时，学生们似乎明白了什么，不禁有点儿紧张，但当他们看到老教授镇定自若的身躯时，他们瞬间就平静了下来，在老教授的指挥下有条不紊地从教室大门离开。

与此同时，另一间教室里，一位装扮时髦的女教师也在向学生授课。大楼晃动的时候，女教师惊惶失措地大喊："地震啦！"然后飞速地冲向门口。至于身后乱作一团的学生，她全然顾不上了。

没过多久，所有的人都到了楼前的空地上。学校领导清点人数，发现只有老教授没有下来，于是迅速派人回楼上去找。

这时，老教授在楼梯口出现了，面色平静，仿佛什么事也没有发生过。学生们一齐欢呼着迎了上去……女教师赤脚站在人群外——为了便于逃生，她那双高跟鞋早就被丢在了楼道内。

事后检查情况，大家发现，老教授和他的学生们都安然无事，女教师班上却有3名学生扭伤了脚，一名学生跑掉了鞋。

后来，大家从地震局得知，这种小地震根本不会造成财产损失和人员伤亡，但这次地震却在许多人心中激起了不小的波澜，更为那些学生上了难得的一堂人生课——危难彰显人格！在生命最危急的时刻，老教授为所有学生树立了先人后己的道德典范！

【案例分析】

灾难有时是一面镜子，是一块试金石，它能照出人性的美与丑，更能够试出人格的高与低！

这场突如其来的地震，清楚地让两个截然不同的人格展现在我们面前——白发苍苍的老教授从容镇定，年轻时髦的女教师带头逃命；老教授先考虑学生的安危，女教师则弃学生于不顾。在这样危急关头，所有人都把老教授的人格魅力看得一清二楚，心中不禁生出极强的敬佩之感，同时也忍不住要对女教师大喊："你可以不懂地震，但不可以不懂责任和人格！"

作为一名教师，教书育人是与生俱来的责任，保护学生是义不容辞的天职。当灾难来临的时候，首先要考虑的应该是学生，给学生信心，给学生勇气，给学生平安和呵护。只有这样，我们才能不辜负人民教师的光荣称号。

教师站在三尺讲台上，要教书育人；走到三尺讲台下，更要为人师表。教师既是精神文明的建设者和传播者，也是学生们道德基因的培育者。对处于成长期的学生来说，教师是任何力量都无法代替的最灿烂的阳光，是任何书籍、任何道德格言、任何奖惩制度都无法取代的教育力量。

教师的人格魅力会通过自己的一举一动在学生心中留下不可磨灭的痕迹，潜移默化地影响着学生。对学生来说，教师是他们可信赖的人，是他们心灵上的支柱。因此，教师一定要懂得保护学生，除了保护他们的心灵和精神健康，更要保护他们身体健康和生命安全。一位真正优秀的教师，会永远把保护学生的生命安全看成自己的责任，会在危险来临时为学生留下生的希望！

在不到一年的时间里，重庆某中学的师生相继经历了井喷和洪水两次特大灾难，但近千名学生却没有一人失踪，没有一人受伤或死亡，原因是什么？正是因为这些教师时刻把学生的安全放在第一位，为了保护学生，他们在危险面前无所畏惧，舍生忘死，从而谱写了一曲曲教师颂歌。

这就是教师，即使是危难来临，他们也同样负责，同样勇敢！他们宁肯自己吃苦受累，甚至有生命危险都在所不惜。他们最担心的是学生的安危，最怕失去的是学生的信任，他们用平凡的工作铸就了教师的光辉！而他们的行为确实极大地震撼和教育了学生，使他们真正理解了教师，他们说：

"以前，我们对'先人后己''舍己救人'这样的词缺乏理解，今天，老师们为我们做了最好的诠释。"

"这不是亲情，却胜似亲情。在灾难中，老师们的舍生忘死和无私奉献，教会了我们如何关爱他人，让我们明白了老师的伟大和神圣。长大后，我也想成为一名这样的老师。"

无论何时，最安全的地方都应该是学校！最先挺身而出保护学生的都应该是光荣的人民教师！关键时刻，"一切为了学生"，是教育战线上所有教师的声音和行动！当然，要想做到这一点，并不是一件简单的事情。

首先，不能仅仅把教师看成一种职业。如果仅仅把教师作为职业的话，就会认为只要上完课，就对得起学生、对得起工资了，教书育人的职责就被理解得支离破碎。我们要把教师作为一项事业来做。当教师真正把教育工作当成一份事业时，就会往其中倾注事业心和责任感，就会更加热爱教师的工作，更加投入工作，也就会更加热爱和保护学生。

其次，我们必须完整、深刻地理解并强化自己作为一名教师的责任。

家长把学生交给教师，首要的就是把学生的安全托付给了学校和教师，然后才是学生的成长。所以，我们应该时刻保证学生的安全，这是不可推卸的责任。无论遇到什么危险的情况，绝不能让一个学生出事，这是教师的天职。

第八节　甘为人梯

英国学者贝尔在化学方面具有极高的天赋。有人曾经猜测，他毕业后如果研究晶体和生物化学，一定会多次获得诺贝尔奖。

但是，贝尔并没有向别人预料的那样追求自己辉煌的前程，而是心甘情愿地选择了另一条道路——提出了一个个具有开拓性的课题，指引别人登上科学高峰。这真是让人感叹。

谁会甘愿为他人作嫁衣，而把自己的前途放弃？

谁会甘为人梯，为培养人才而奉献自己的一生？

谁会爱才如命，不惜一切帮助他人眼中的人才？

只有淡泊名利的人会，只有无私奉献的人会，只有胸怀宽广的人会，而这样的人在社会中组成了一个普通的群体——教师！

教师，能够慧眼识才，敢于放手用才，甘心提拔任用能力比自己强的人，积极为有才干的年轻人创造脱颖而出的机会。

教师，有一种绿地精神、人梯精神、奉献精神。在人才的培养中，他们会舍得牺牲自己的利益，而以国家和民族事业为重。

教师，以对学生的热爱和对教育事业的忠诚，大力弘扬、竭诚践行甘为人梯、乐于奉献的精神，全身心地投入到为国家培养人才的崇高事业中。

【经典案例】

　　徐悲鸿是我国的现实主义绘画大师，也是我国杰出的艺术教育家。在几十年的绘画创作生涯和美术教育实践中，他为我国发现、帮助和培养了数以千计的美术人才。

　　了解中国绘画历史的人，一定知道齐白石和傅抱石的大名。他们二人曾被称作"南北二石"，在艺术界拥有举足轻重的地位。他们二人出身寒微，一开始在艺术界不显山不露水，是徐悲鸿发掘了他们，并给予了他们莫大的鼓励和支持。可以说，在一定程度上，这两位伟大画家的成就和徐悲鸿是分不开的。

　　谁能想到，发掘了齐白石这块璞玉的徐悲鸿，竟然还比齐白石小 32 岁呢？徐悲鸿出生的时候，齐白石还没有接触过正儿八经的绘画，他那时只是给别人家里做一些器物，描描花样。25 年后，齐白石来到北京，时年 56 岁的他希望依靠出卖自己的绘画来维持生计。可惜，当时的绘画界是一个讲名气的地方，籍籍无名的齐白石即使开价很便宜，也没什么人来关照他的生意。

　　后来，机缘巧合之下，齐白石和一位曾经在日本留学的画家有了交集。这位画家叫陈师曾，尽管只比齐白石小 13 岁，却鼓励齐白石在绘画上坚持自己的风格。于是，齐白石开始了"衰年变法"，即到了晚期的时候，还改变以往的做事风格。

　　从 1920 年到 1929 年，齐白石花了整整 10 年，不断摸索新的风格，开拓绘画的新领域。功夫不负有心人，既有天赋又肯用心钻研的齐白石，终于走出了一条通天大道。齐白石此时才刚刚冲破藩篱，多么需要有识之人的提携啊！但世上最遗憾的就是明珠蒙尘、知音难觅。陈师曾在 1923 年就过世了，还有谁能懂得齐白石的画呢？他不是一个年轻的新秀，而是一个白胡子白头发的小老头，自然更加招来守旧派的唾骂。守旧派认为齐白石的画难登大雅之堂，不停地抨击他、打压他。齐白石一时陷入孤立无援的境地。

转机很快就到来了。1929年，知名画家徐悲鸿来到北京，一眼就相中了齐白石这匹千里老马。在徐悲鸿的眼中，虽然齐白石的年纪很大，在中国画的圈子里由于受人打压而名声不显甚至欠佳，但他的画作风格新颖，具有极高的价值，值得他为之奔走呼号。于是，徐悲鸿用各种方法"推销"齐白石：在一片反对声中，他用精美的语言夸赞齐白石的绘画；在展销会上，他在齐白石的画下挂上显示已被自己预定的条子；他帮助齐白石出版画集，并亲自写下序言；他亲自接齐白石来到北京艺术学院，并给他安排了教授的职位，让他给学生上课。

时任院长的徐悲鸿对北京艺术学院的学生说："齐白石可以和历史上任何丹青妙手媲美。他不仅可以做你们的老师，也可以做我的老师。"

在徐悲鸿倾尽全力的帮助下，齐白石用自己的画征服了画界。如果没有徐悲鸿，谁能说，齐白石不会像凡·高一样，在过世以后才被世人认识到其画作的伟大呢？

后来，徐悲鸿又发掘了另外一名大画家傅抱石。一年夏天，徐悲鸿带着学生到庐山写生，归途中在南昌落脚。其时，徐悲鸿早已名声大噪，南昌的美术爱好者听说了这件事，纷纷前来拜访学习，徐悲鸿也热情地招待他们。

这天上午，来了一个穿着旧长衫的来访者。他看起来30岁左右，带着一个小包裹，一进来就很有礼数地冲着徐悲鸿鞠了一躬，然后从包裹里面拿出了一些画和图章。

徐悲鸿先看了图章，发现刻得很好，再仔细一看，发现署名是清朝末年的篆刻巨擘赵之谦。

徐悲鸿感到很意外，那个人解释道："这些图章是我仿刻用来卖的，都是为了生活。"

徐悲鸿笑着鼓励道："你自己就做得很好啊！完全没有必要去仿刻。"

接着，徐悲鸿看了这个人带来的画。这是一幅山水画，画卷不大，但充满了灵气。

徐悲鸿一眼不眨地盯着眼前这幅画，久久不发一言；可是他的内心知道，自己眼前的这幅画有多大的能量。

忽然，徐悲鸿开口问："你现在在哪里做事？"

那人回答："在小学里替别人代课。"

他又问："你在美术学校学习过吗？"

那人回答："没有，只是自己琢磨学习。"

接着，徐悲鸿又细细地问了一些其他情况，并约他当晚10点后再见，让他再带一些画过来。

拜访结束时，徐悲鸿问他的名字。

那人回答道："傅抱石。"

回到家里的时候，傅抱石开心坏了，对妻子高声大喊："见到了！见到了！"他让妻子找出家里的画，说："悲鸿大师要看。"

他把自己比较满意的几张画卷在一起，包在包袱里。吃了晚饭，傅抱石便到徐悲鸿的住处去了。

徐悲鸿不在家。家里的人告诉他："徐先生留了话，晚上去赴个约会，10点钟才回来。"傅抱石站在徐悲鸿家的门口，一直等到晚上10点钟。

果然，徐悲鸿晚上10点钟回来了，留下了傅抱石的画和家庭住址，叫他回去。

第二天一早，天阴沉沉的，细雨飘落不断。傅抱石在家里走来走去，坐立难安。他很想知道徐悲鸿究竟会如何看待他的画。毕竟当时他已经30岁了，已经到了决定未来人生方向的时候。原来，傅抱石虽然出生于明末清初的大画家八大山人的故乡南昌，但是从小就跟着修伞匠走街串巷讨生活。尽管如此，他还是在贫瘠的生活中培养出了刻字的爱好。后来，他又想方设法学习了治印和画画。对绘画的热爱令傅抱石想把绘画当成自己未来的事业来建设，可是偌大一个南昌，却找不到一个人能为他的事业施以指点。这时出现的一位大画家，可以说，就是他必须抓住的人生转机。

雨，依然不停地下着。忽然，巷口传来说话的声音，傅抱石支起耳朵，隐隐约约听见有人在说自己的名字。他急切地探出身子，看见冒雨而来的徐悲鸿，立时又激动高兴。一边大叫着"大师来了"，一边冲到雨中迎接徐悲鸿。

傅抱石请徐悲鸿坐下。他站在那里，呆呆地看着尊敬的画家，不知道说什么好。

徐悲鸿说："傅先生的画，我都看了。顶顶好！顶顶好！"

傅抱石不知道该怎么搭话。

徐悲鸿又说："你应该去留学，去深造。你的前途不可限量。"

傅抱石像做梦一样，更不知该怎么接话了。

徐悲鸿接着对他说："经费困难，我给你想办法。总会有办法的。你愿意到法国去吗？"

徐悲鸿去找了当时的江西省主席熊式辉，解决傅抱石留学的经费问题。

徐悲鸿对熊式辉说："南昌出了个傅抱石，是你们江西的荣誉。你们应该拿出一笔钱，让他深造。"

熊式辉当时正忙于军事"围剿"红军，当然对这件事不会感兴趣。

徐悲鸿拿出一张画来，对熊式辉说："我的这张画留下来，就算你们买了我一张画吧。"

在现场其他人的劝说下，熊式辉勉强同意出一笔钱资助傅抱石留学。但这笔钱显然不够去法国，傅抱石只好改去日本。

徐悲鸿没有看错人，傅抱石后来在绘画方面成就非凡，成了杰出的大师。

【案例分析】

韩愈的《马说》中有一段名言："世有伯乐，然后有千里马。千里马常有，而伯乐不常有。故虽有名马，祇辱于奴隶人之手，骈死于槽枥之间，不以千里称也。"

千里马即使有一日千里的能力，如果没有遇到伯乐，也只能和普通的马一起拉车出力，辱没在马夫的手里，行走田间，老死马厩。

有才华的人也是一样的。如果没有人赏识他，没有爱才的人大力帮助，他最后也只能怀才不遇，郁郁终老。

所以说，教师，就是肩负着识才、爱才、助才、育才重任的关键人物。

"齐白石可以和历史上任何一位丹青妙手相媲美，他不仅可以做你们的老师，也可以做我的老师。"徐悲鸿作为中国画坛中的一位名家，能够如此谦逊又诚恳地向学生推荐一个寂寂无闻的人，并承认他高于自己，这种大度和气量不仅让所有世人钦佩，更让许多名家汗颜。

徐悲鸿对"南北二石"的赏识和帮助，不仅表现了一位伟大画家宽阔的心胸，更体现了一位教育者勇于奉献、甘为人梯的人才观。

可以说，没有徐悲鸿的摇旗呐喊，中国画坛就不会有世界闻名的齐白石；没有徐悲鸿的鼎力相助，中国画坛就不会有笔致放逸、气势豪放的傅抱石。

其实，那些人格高尚的教育家们大都有着同样宽广的心胸。

我国著名数学家华罗庚是自学成才的典范。他在代数、多复变函数、数论、矩阵几何等方面做出了杰出的贡献。华罗庚在他的中学时代，他的数学老师王维克曾经对他进行悉心栽培。后来，华罗庚把老师的栽培回报给教育，除了致力于教学和科学研究，还非常注意发现和培养有潜力的年轻数学人才。

华罗庚为了祖国科学事业的进步，不顾个人名利，毫无门户之见，对人才兼容并蓄，不遗余力地培养出了一批顶尖人才，举不胜举，如陈景润、吴方、魏道政、陆启铿、龚升、王元、万哲、杨乐、许孔时等。他还亲自撰写通俗易懂的数学课本，并积极倡导在全国中学生中开展数学竞赛，为培养人才费尽了心思。

1977 年，华罗庚在新疆时道出了他甘为人梯的心声："我想，人有两个肩膀，我要让双肩都发挥作用。一肩挑起'送货上门'的担子，把科学知识和科学方法送到工农群众中去；一肩当作'人梯'，让年轻一代搭着我的肩膀攀登科学的更高一层山峰，然后让青年们放下绳子，拉我上去再做人梯。"

无论纵观历史还是横看社会，人们都可以发现，但凡有成就、干出一番事业的伟大人物，他们的身后几乎都会有一位或多位了不起的教师。

教育家、科学家、政治家、军事家都可称得上是伟大的人物，但在这些人的背后一定都有一批教导、启发、关爱过他们的优秀教师。

教师的伟大不在于他们自己是多么伟大的人物，而在于他们能给予学生前进的动力，激发学生成长的灵感，更在于他们甘心为学生、为教育奉献出自己的热血、青春、成就和功名。

作为伟大人物的领路人、培育人，教师更应该享有"伟大"的称号，并值得人们永远敬仰。

第九节　自我奉献

有一种精神，感动了中外所有的人，那是奉献。

有一种精神，从古至今都需要，那是奉献。

有一种精神，不管在什么地方都闪耀着光芒，那是奉献。奉献精神本质在于遵纪守法，要有大局思想，不要只顾自己的利益；在于具备高尚的道德品质，不被短时间的困难所吓倒；在于凭着自己的勇气为了集体、为了国家奉献出自己的一生。

诸葛亮鞠躬尽瘁，死而后已；文天祥写下了"人生自古谁无死？留取丹心照汗青"的千古名句；鲁迅先生"俯首甘为孺子牛"……正是从古至今无数代人为国家、为民族的奉献精神，才使中华民族几千年来屹立在世界的东方。

毫无疑问，评价一个人是否具有人格魅力的最重要的标准就是奉献精神。教师是人类灵魂的塑造者，是人类发展的工程师，更应该具备这种崇高的品质。苏霍姆林斯基说过："把整个心灵都奉献给孩子吧！他们是那样的天真、可爱，每一个都可以成为有用之才。你们的眼里、心里都要装着孩子……"

我们无法要求所有的教师都具有奉献精神；但是，我们可以确定，还是有很多老师都具有一般人所忽视或不具备的奉献精神，对学生的奉献、对教育事业的奉献，贯穿他们的一生。多少年来，他们任劳任怨，无怨无悔，奉献着自己的广博的知识、热烈的情感甚至是坚强的生命。虽然教师的生命是有限的，但是教育事业却是长青的。教师个人的价值可以在优秀的学生身上体现出来，教师个人的生命可以在优秀的学生身上延续下去，教师的人格魅力能够让优秀的学生继续传递，生生不息。这些优秀的学生们从教师的身上学到了高尚的品格——奉献精神。

【经典案例】

刘恩和虽然年逾半百，但是他仍然在业余时间，在一条10多千米的崎岖的山路上，背着100多斤的钢筋、水泥，来回奔波了350多趟。他所做的这一切的目的非常简单：建一所麻雀虽小、五脏俱全的小学，让茨坝村的孩子们都有书读。

刘恩和担任这座山里的小学校长，学校非常破旧，围墙、宿舍、操场全都没有，只有东倒西歪的几间教室，而且墙壁都不完整，屋檐上的檩子腐烂得快要掉下来了；教室里的课桌、椅子全都缺胳膊少腿，黑板凹凸不平，屋顶漏水，只要一下雨，教室就稀烂如泥。

最不方便的就是，在这所能容纳100多人的学校，却没有厕所。要上厕所，只能按性别分批去附近的树林里解决。一想到自己的学生在这样艰难的条件下学习，刘恩和流下了伤心的泪水。他暗暗下定决心：一定要全力以赴，奉献出自己的一切，让学生们有一个良好的学习场所。

于是，刘恩和从家中搬来了木料和砖瓦，操起刀斧，自己动手修理桌椅板凳，修补屋顶墙壁。学生们看到这一切后，亲切地称呼刘恩和为"木匠校长"。1996年，刘恩和从世界银行争取到了用来资助中国贫困山区修建学校的贷款。可是，有关部门要求刘恩和必须在10天内筹集到匹配金1万元，假如在规定时间范围内做不到，这个项目就只能落到别的学校。

　○　顺学而修，顺教而炼：优秀教师的人格力量　●

刘恩和重重地点了点头："我一定能做到！我会在5天内付清一半的钱，10天内全部付清！"

然而，话说起来容易，事做起来就太难了！

当时，这个贫困的小山村人均年收入只有400元，显然刘恩和拿不出这么多钱。在短短的几天内，他应该上哪里去筹集1万元呢？

刘恩和想到了去信用社贷款，他以自己的工资和住房抵押，才贷到了3000元。他拿出了家里所有的钱，凑了1000元。刘恩和当时每个月的工资只有110元，1000元是他9个月的收入。

五天的时间马上就要到了，可需要预付的5000元还差1000元，刘恩和想到，家里还有一笔存款，也是唯一的一笔存款。那是全家人好几年省吃俭用才存下来的，以防不测，是定期存款，一共1300元。还差两个月，3年的定期就到了。想要提前取出存款，两年零十个月的利息全部没有了。但是，刘恩和不顾利息的损失，一咬牙，把钱取了出来。虽然交了5000元，但是还差5000元。刘恩和实在是没有办法了，他只好去找村支书，希望可以发动村民们筹集资金，但是这个贫困山区的村民们都很贫穷，拿不出钱，即使有的人有一点儿钱，也会谨慎地使用，不会平白无故送给刘恩和。所以，愿意借钱给刘恩和的人要求刘恩和做担保。

刘恩和对大家说："我用房子和牲畜抵押，事情黄了，你们扒我的房子，牵我的猪和牛！"就这样，在村民们的集资下，还差1000元，刘恩和又用私人的名义找人借钱，才把钱凑够，按时交上了匹配金，争取到了这个项目。1万元的匹配金，加上世界银行的贷款8万元，一共9万元，终于使刘恩和放心了。

小山村路不通、水不通、电不通，修学校用的建材只能运到十几千米外的山村，算下来，9万元钱根本不够，没有一家施工队愿意借这个活儿。刘恩和虽然很无奈，但还是想办法解决这个问题。他知道一位在当地长期干活、远近闻名的包工头，他多次上门恳求对方："凡是我们能做的，我们都自己做。建材我们负责背上来，水我们负责背上来，除了上课，除了吃饭睡觉，我全部时间都给你打下手，只要工程需要，我们学校的教师你随喊随到……"包工头终于被刘恩和的精神所感动，决定接手这项不赚钱甚至赔本的工程。

从那时起，从石界到茨坝十几千米的崎岖山路上，刘恩和为了心中的目标，每天早晚都背着水泥、钢筋和石灰，拄着竹竿，弓着腰，咬紧牙关，汗流浃背，一步一步地走着。一年四季，无论刮风下雨，他都坚持着。

贫困山区的人们每天只吃两顿饭。每天晚上，刘恩和都要预先把一锅土豆煮好，第二天把土豆带在身上边走边吃。因为他要赶在上课前把一部分建材背回来。等到放学后，再背一趟。

刘恩和的行为感动了山里的人们，山路上陆陆续续有人帮助刘恩和背建材。后来，全体村民都出动帮助刘恩和，山路上总能看到人们身负建材，艰难前行。

在搬运建筑材料的4个月里，刘恩和一个人行程达2000多千米，背回了17吨多建材。他的五双胶鞋都被磨破了。

这把刘恩和累坏了。有一次，他辛辛苦苦地背完了石料，回到家马上倒在床上就睡着了，土豆忘记煮了。第二天，刘恩和才意识到没有土豆吃，但是他依然背完石料后坚持上了一整天课。下午刚下课，他就晕倒了。学生们抱着他，心情都很难过，有的人为他担心而大哭。

8月底，占地400多平方米、两层共8间教室的教学楼终于盖好了。虽然工程只实施了几个月，但是48岁的刘恩和头发、胡子全白了。村民们非常感动，他们说："他的家是最贫困的，而学校却是最现代的。"

20多年来，刘恩和把自己工资的80%，一共资助了400多名贫困的学生。其中，有80多名学生考上了大中专院校。在刘恩和的资助下，茨坝这个贫困的小山村的入学率、巩固率和毕业率达到了100%。2002年，铜仁地区奖励刘恩和两万元，用以表彰他为茨坝的教育事业做出的贡献。不过，刘恩和得到这两万元后，用它给学校修建了一个篮球场，让孩子们课余时间有活动场所。

2003年，省里为表彰刘恩和，奖励给他5万元。可是，他把这5万元和自己平时节省下来的8000元在原来教学楼两层的基础上又修建了一层，还为学校铺了水泥地面，修建了花坛，让学校看上去更雅观。2003年，省里拨给了刘恩和10万元，他把这些钱用来修建学校的大门和围墙。

刘恩和每天只要不上课，就去石界背建材，上山打石头。他默默奉献着自己的一切，不计回报。

奉献到底是什么？奉献是从自己的本职工作中产生了爱的感觉，然后坚定地为了事业心甘情愿地付出自己的一切。一个人具备奉献精神，就应该甚至必须在他人需要时，自己奋不顾身、毫不犹豫地帮助他人，无偿地付出自己的一切。

如果一位优秀的教师具有奉献精神，可能会失去很多东西：社会地位、金钱收入、亲情、对家人的关照，等等。然而，教师应该坚信，你在未来会有更多的收获，会收获到学生对你的尊重和敬佩、效仿与跟随、拥护和爱戴。

【案例分析】

刘恩和一生淡泊名利，壮心欲填海，苦胆为忧天。他无私地把自己的精力、体力、收入乃至一切都奉献给了教育事业。

他为了村里的孩子们能有一个像样的、方便的，甚至是舒适的学习环境，每天辛苦地背石料建学校；

为了其他孩子顺利上学，把预留给自己孩子上学的钱捐助给了他们；

为了建设新的学校，他倾其所有……

这样的教师，在用一生的事迹书写着奉献的篇章——

教师就像春蚕一样，吐尽最后一根丝，使完最后一份力气，把心思都倾注给了下一代；

教师就像蜡烛一样，发一分光，发一分亮，把自己的烛火燃尽，照亮别人的心房；

教师就像园丁一样，辛勤地照顾着满园盛开的桃花，用干净的壶水浇灌着学生的心田；

教师默默甘当人梯，奉献着自己的一切。

在生活中，很多老师直到深夜，还在埋头备课，他们为学生们的教育操碎了心。

一年四季，有多少教师在书架旁度过了每一个夜晚，在电脑前查找资料。当大家都已经安静入睡的时候，那些对学生负责、对教育事业负责的教师还在不辞辛劳地工作。一个个懵懂少年走上了成功的道路，正是因为有教师这种默默无闻的奉献精神。

一名教师只要内心中拥有了奉献的精神，那么对他来说，奖金是次要的，补贴是次要的，证书是次要的，重要的是学生，重要的是他们在课堂上无私地、毫无保留地把自己的学识和人格魅力奉献给学生。

假如有人要问，教师所做的这一切是以什么为回报的？我想在此试作如下表述：当他们教出来的学生成为长江里推动前浪的后浪或实现"青出于蓝而胜于蓝"的目标时，他们从中感受到的发自内心的愉悦，当然，还有自豪。

【经典案例】

1959 年，赵振江教授考入北京大学西语系法兰西语言文学专业；1960 年，他服从国家安排，转入西班牙语语言文学专业，大学毕业后留校任教。

几十年来，他坚持教学在第一线，几乎担任过西班牙语语言文学专业各类课程的教师，教授的课程跨度从本科一年级至四年级，包括精读、泛读、语法、翻译、报刊等。同时，他还为研究生开设了必修课，如西班牙语诗歌、文学翻译理论与实践。赵振江教授从事大量的翻译工作，这些工作经验为他的教育教学积累了丰富的经验。他总结出了很多翻译的方法和技巧，并且把这些经验传授给他的学生。尤其是在给研究生讲授翻译课程时，他与学生一起翻译西班牙语原文名著，在教育实践中既培养了学生的翻译能力，又吸取了学生在翻译中的优点，还促使师生之间感情融洽，教师教学工作中的师生合作精神成了学校教育的亮点。赵振江教授不仅在教育工作中出类拔萃，还在生活中坚持帮助贫困学生，送走了一批批优秀的毕业生，换来了一封封热情洋溢的感谢信。他坚持帮助家庭困难的教职工，询问他们有什么为难的地方，帮助他们解决问题，也换来了教职工一句句感恩的话语。他还坚持关注教职工的成长与发展，健全和壮大学校的党员队伍，认真考察和培养人才，培养了一批批有能力的骨干。赵振江担任过的职务有班主任、系主任、党支部书记、院学术委员会主任、教研室主任等。赵振江为了达到这些教学职务的要求和标准，总是认认真真、兢兢业业地去面对和完成各项工作，从不考虑自己的得与失。

他常说，作为一位教师，就应该无私地奉献自己的一切。

他作为负责人，从不申请系里评选的奖项。在他担任西班牙语系主任期间，他与其他三位副主任商量他们的津贴，按照系里行政工作人员的最低标准发放，也就是说，他们的津贴与传达室的师傅一样。奉献是人类最纯真、最可贵的品格。我们不能仅仅只认为奉献是理想化的思想境界，在现实社会根本吃不开，还会吃亏；不能简单地、肤浅地把奉献和市场经济运行中的等价交换相联系。

【案例分析】

一个人想要有所作为，想要实现自己的抱负，就必须要有向人类奉献的精神。帮助别人解决困难，自己的内心会产生快乐，从而也成就了自己的事业。一个国家要生存，要发展，就需要每一个人都要具备奉献精神。

因为，奉献精神能凝聚民族的力量，使国家兴旺发达。

校园，是培养学生、培养人才的地方。教师在这片土地上耕耘，奉献着自己的青春、时光和心血，为学生的成长夜以继日地工作，就是要让学生成长，成才，成为国家的栋梁。

无私奉献是中华民族的传统美德。中国共产党的百年奋斗史就是一部无私奉献史，一批批革命烈士为人民的幸福生活，为民族的兴亡，奉献出了自己宝贵的生命。

在当今时代，我们处于和平的生活中，没有经历过血与火的战争。但是，在我们的周围还是能看到无私奉献的人在默默地付出。在学校里，同样也有教师，心中怀着奉献精神。在当代的学校里，教师是如何展现出奉献精神的呢？首先，要有立足山区教育事业的坚定信念。虽然在山村里的物质条件非常不尽如人意，而山外是精彩的物质世界，充满着强烈的诱惑，但是如果每个教师都去经济发达、生活条件优越的大城市工作，山村里的学生怎么办？

其次，要有艰苦奋斗的精神。不怕困难，不怕苦累，不怕吃亏，始终工作在教育教学的第一线。

最后，要有创新的精神。在教学工作中，教师不能守着以前过时的教学方式，应该根据新时代的新要求，用新的标准要求自己、要求学生，使学生在学习中达到事半功倍的效果。一名优秀的教师，要用自己的生命来歌唱，用自己的生命奉献，用自己的生命温暖学生的心灵，使学生对自己产生尊敬和钦佩之情。

现代诗人闻一多先生曾在《红烛·序》中写道："请将你的脂膏，不息地流向人间，培出慰藉的花儿，结成快乐的果子。"

教师应该具有红烛精神，奉献是教师一辈子应该坚持的精神追求。这样的教师才是一位具有人格魅力的教师。

教师的人格对学生的成长，对教育事业的发展起着至关重要的作用，所以一名优秀的教师必须具备健全的人格。教师的人格主要包括扎实的专业知识、优良的道德品质、对教育教学的敬业精神和对学生的由衷热爱。这些因素对学生成绩的提高、学业的发展、道德的培养与升华、坚强意志的形成、高尚情操的陶冶都会产生重要的影响。新时代对教育提出了新的要求，在新的形势下，我们迫切需要认识教师人格的内涵和作用，为教师人格的修养提供指导。

教师人格的培养和师德的建设是一项复杂的工程。本书在分析教师理想人格实现途径的基础上，提出要以教师理想人格的培养作为教师人格和师德建设的最终目标，要以教师理想人格培养的途径来统领整个教师人格的培养和师德的建设，最终实现教师理想人格和师德建设的统一。

我们在这本书编写的过程中使用了一些资料和素材，但由于时间仓促，没有来得及与原作者——取得联系，敬请谅解。请相关作者看到本书后，及时与我们联系，十分感谢。

刘春景

2022 年 10 月 8 日